Burger & FRIENDS

HAUSGEMACHT

Burger & FRIENDS

STEAKS, RIPPCHEN, BURGER & CO.

Rachael Lane

EDEL

Inhalt

BURGER, PIES & PASTETCHEN

Hähnchen-Burger „Tandoori“

Griechischer Lamm-Burger mit Halloumi

Tempura-Fischburger mit Wasabi-Mayonnaise

Rindfleisch-Gorgonzola-Burger

Mini-Burger mit Pulled Pork, Dillgurken und rotem Krautsalat

Veggie-Linsen-Burger mit Erdnuss-Sauce

Krabbencocktail-Brötchen

Steak-Sandwich mit karamellisierten Zwiebeln, Räucherkäse und Speck

Gourmet-Hotdog mit Rotkohlgemüse

Rindfleisch-Pie mit Rotwein

Rindfleisch-Pilz-Pie

Rindfleisch-Bier-Pie

Hähnchen-Pie mit Estragon

Vegetarische Curry-Pie

Mürbeteig-Grundrezept

Räucherfisch-Pie

Shepherd’s Pie

Fleischpastetchen

Hackfleischpastetchen

Gemüsepastetchen

Gefüllte Blätterteig-rollen

Hähnchen-Burger „Tandoori“

Ergibt 4 Burger

4 helle Sauerteigbrötchen
4 Blatt Romanasalat, in Streifen
1 kleine Salatgurke, längs in feine Scheiben geschnitten
½ Avocado, in Scheiben
½ rote Zwiebel, in dünnen Scheiben

Für das Tandoori-Hähnchen

125 g Naturjoghurt
Saft von ½ Zitrone
3 Knoblauchzehen, zerdrückt
2 TL frischer Ingwer, fein gerieben
1 TL gemahlener Kreuzkümmel
1 TL Chilipulver
1 TL gemahlene Koriandersamen
½ TL gemahlene Kurkuma
2 Hähnchenkeulen, halbiert

Für das Mango-Chutney

1 große reife Mango, Fruchtfleisch grob gewürfelt
3 EL Apfelessig
3 EL brauner Zucker
2 cm Ingwer, geschält und fein gehackt
½ TL Kreuzkümmel ganz
1 Prise Chiliflocken

Für das Tandoori-Hähnchen Joghurt, Zitronensaft, Knoblauch, Ingwer und alle Gewürze in einer mittelgroßen Schüssel vermischen und die Hähnchenkeulen darin wenden. Das Fleisch anschließend mindestens 4 Stunden oder über Nacht kühl stellen.

Während das Fleisch kühlt, das Chutney vorbereiten. Dazu in einem kleinen Topf bei mittlerer Hitze alle Zutaten verrühren und langsam zum Kochen bringen. Dann die Hitze reduzieren und unter gelegentlichem Rühren 20–25 Minuten köcheln lassen, bis die Mangostücke weich sind und das Chutney zähflüssig ist. In einer Schüssel auskühlen lassen.

Ein Grillgerät stark vorheizen.

Ein Grillblech stark erhitzen und die Hähnchenstücke auf jeder Seite etwa 4 Minuten goldbraun braten. Man kann dafür auch eine Grillpfanne verwenden.

Während das Fleisch gart, die Brötchen halbieren und die Schnittflächen auf dem Grill oder unter dem Backofengrill rösten.

Salatblätter, Gurke, Avocado und Zwiebel auf den unteren Brötchenhälften anrichten. Je eine Hähnchenkeulenhälfte darauflegen, mit Mango-Chutney bestreichen. Die übrigen Brötchenhälften daraufsetzen und gleich servieren.

☞ Mango-Chutney lässt sich gut aufbewahren. Bereiten Sie einfach die doppelte Menge zu und servieren Sie das Chutney bei Bedarf. In einem ausgekochten Einmachglas oder einer Flasche ist es gekühlt bis zu 6 Monate haltbar.

Griechischer Lamm-Burger mit Halloumi

Ergibt 4 Burger

1 EL Olivenöl
250 g Halloumi, in 4 Scheiben geschnitten
4 Pita- oder Ciabattabrötchen
4 Blatt Romanasalat, in feinen Streifen

Für die Burger

600 g Lammhackfleisch
½ kleine rote Zwiebel, fein gehackt
2 Knoblauchzehen, zerdrückt
2 EL frischer Oregano, fein gehackt
2 EL frische Minze, fein gehackt
Meersalz und schwarzer Pfeffer aus der Mühle

Für das Tsatsiki

125 g griechischer Joghurt
½ kleine Salatgurke, klein gewürfelt, Kerne vorher entfernen
1 EL frische Minze, fein gehackt
1 EL Zitronensaft
1 Knoblauchzehe, zerdrückt

Für die griechische Salsa

2 reife Rispentomaten, klein gewürfelt
¼ rote Zwiebel, fein gehackt
50 g Kalamata-Oliven ohne Kern, gehackt
2 EL glatte Petersilie, gehackt
2 TL natives Olivenöl extra
2 TL Zitronensaft
1 TL getrockneter Oregano
Schwarzer Pfeffer aus der Mühle

Für die Burger in einer Rührschüssel Hackfleisch mit gehackter Zwiebel, Knoblauch, Oregano und Minze vermischen und mit Salz und Pfeffer würzen. Aus der Masse 4 etwa gleich große Burger formen und zugedeckt etwa 30 Minuten kühl stellen.

Inzwischen für das Tsatsiki in einer kleinen Schüssel Joghurt mit Gurkenstücken, Minze, Zitronensaft und Knoblauch verrühren.

Für die Salsa in einer weiteren Schüssel Tomaten, Zwiebel, Oliven und Petersilie vermischen. Öl, Zitronensaft und Oregano untermengen und mit frisch gemahlenem schwarzem Pfeffer abschmecken.

Ein Grillgerät stark vorheizen.

Ein Grillblech erhitzen, mit Öl ausstreichen und die Burger auf jeder Seite mindestens 4 Minuten (medium) grillen. Anschließend die Halloumi-Scheiben auf jeder Seite etwa 30 Sekunden goldbraun grillen. Man kann dafür auch eine Grillpfanne verwenden.

Die Brötchen halbieren und die Schnittflächen auf dem Grill oder unter dem Backofengrill kurz anrösten.

Die unteren Brötchenhälften mit Salat belegen und mit Salsa bestreichen. Je einen Burger und eine Scheibe Halloumi darauflegen, mit Tsatsiki bestreichen und mit der oberen Brötchenhälfte abschließen. Gleich servieren.

Tempura-Fischburger mit Wasabi-Mayonnaise

Ergibt 4 Burger

4 weiße, feste Fischfilets ohne Gräten (à 150 g), z. B. Kabeljau oder Seehecht
4 weiße Brötchen
2 große Handvoll Brunnenkresse (nur die Blätter)
1 Karotte, halbiert und in dünne Stifte geschnitten
½ Avocado, in Scheiben
2 große Handvoll Zuckererbsen-Sprossen, geputzt

Für die Wasabi-Mayonnaise

1 Eigelb (Ei Größe L)
2 TL Wasabi-Paste
2 EL Zitronensaft
125 ml Sonnenblumenöl
Meersalz

Für den Tempura-Backteig

250 ml kühles Mineralwasser
3 Eiswürfel
1 Eigelb (Ei Größe L)
110 g Mehl (Type 550)
3 EL Speisestärke

Für die Wasabi-Mayonnaise in einer kleinen Schüssel Eigelb mit Wasabipaste und Zitronensaft verquirlen. Unter ständigem Rühren nach und nach das Öl hineinträufeln, bis eine dickflüssige Masse entsteht. Mit Salz würzen.

Für den Backteig in einer Rührschüssel Mineralwasser mit Eis und Eigelb vermischen, dann Mehl und Speisestärke hineinsieben. Mit zwei Ess-Stäbchen oder Spießen gut verrühren, bis ein zähflüssiger, leicht klumpiger Teig entsteht.

Die Fritteuse oder einen beschichteten Topf mit dickem Boden zu zwei Dritteln mit Öl füllen und auf 190 °C erhitzen. Zum Abtropfen ein Kuchengitter über einem Backblech platzieren.

Den Backofengrill auf starker Stufe vorheizen.

Die Fischfilets durch den Backteig ziehen, sodass sie gleichmäßig mit Teig bedeckt sind. Jeweils 2 Filets etwa 3–4 Minuten frittieren, bis die Panade knusprig und goldbraun ist. Auf dem Kuchengitter abtropfen lassen.

Inzwischen die Brötchen halbieren und mit der Schnittfläche nach oben im Backofengrill rösten.

Auf den unteren Brötchenhälften Brunnenkresse, Karottenstifte und Erbsensprossen verteilen. Mit je einem gebackenen Fischfilet und mit Avocado belegen, mit etwas Wasabi-Mayonnaise garnieren und mit der oberen Brötchenhälfte abschließen. Sofort servieren.

Rindfleisch-Gorgonzola-Burger

Ergibt 4 Burger

200 g Blauschimmelkäse (z. B. Gorgonzola), zerkrümelt
4 Brioche-Brötchen
2 große Handvoll Rucola-Blätter
2 reife Rispentomaten, in Scheiben geschnitten
2 eingelegte Dillgurken, längs in dünne Scheiben geschnitten

Für die Burger

300 g Rinderhackfleisch
300 g Schweinehackfleisch
½ gelbe Zwiebel, grob gehackt
1 EL Worcestersauce
Meersalz und schwarzer Pfeffer aus der Mühle

Für die Barbecue-Sauce

250 ml passierte Tomaten
3 EL Melasse oder Zuckerrübensirup
2 EL englischer Malzessig
2 EL Ahornsirup
1 EL Worcestersauce
1 geräucherte Chipotle-Chili in Adobe-Sauce (Chili-Würzsauce), fein gehackt (nach Belieben)
2 TL Dijon-Senf
½ TL gemahlener Kreuzkümmel
¼ TL geräuchertes Paprikapulver
Meersalz und schwarzer Pfeffer aus der Mühle

Für die Burger Rinder- und Schweinehack mit gehackten Zwiebeln und Worcestersauce in einer Schüssel vermischen, mit Salz und Pfeffer würzen und aus der Masse 4 etwa gleich große Burger formen. Auf einem Teller im Kühlschrank etwa 30 Minuten kühl stellen.

Für die Barbecue-Sauce alle Zutaten (bis auf Salz und Pfeffer) in einem kleinen Topf bei mittlerer Hitze aufkochen. Dann auf niedrige Hitze reduzieren und etwa 10 Minuten köcheln lassen, bis die Sauce eindickt. Mit Salz und Pfeffer abschmecken und in einer Schüssel abkühlen lassen.

Ein Grillgerät stark vorheizen.

Ein Grillblech erhitzen. Mit Öl ausstreichen und die Burger auf jeder Seite etwa 4 Minuten (medium) oder nach Belieben grillen. Mit dem Blauschimmelkäse belegen und den Käse schmelzen lassen. Man kann dafür auch eine Grillpfanne verwenden.

Während die Burger garen, die Brötchen halbieren und die Schnittflächen auf dem Grill oder unter dem Backofengrill rösten.

Die Brötchenhälften mit Rucolablättern und Tomatenscheiben belegen. Burger und Käse darauf anrichten und mit einigen Scheiben Dillgurken garnieren. Zum Servieren mit Sauce bestreichen und mit den oberen Brötchenhälften bedecken.

☞ Die Barbecue-Sauce lässt sich gut aufbewahren. Bereiten Sie einfach die doppelte Menge zu und servieren Sie sie nach Belieben. In einem ausgekochten Einmachglas oder einer Flasche ist die Sauce gekühlt bis zu 6 Monate haltbar.

Mini-Burger mit Pulled Pork, Dillgurken und rotem Krautsalat

Für 4 Portionen

8 glatte weiße Sesambrötchen
Mayonnaise zum Bestreichen
4 eingelegte Dillgurken, in Scheiben

Für das Pulled Pork

2 EL Olivenöl
600 g Schweineschulter ohne Knochen
2 TL geräuchertes Paprikapulver (mild)
1 TL Chiliflocken
1 TL gemahlener Kreuzkümmel
125 ml Geflügelfond
abgeriebene Schale und Saft von 1 Bio-Orange
3 EL brauner Zucker
2 EL Apfelessig
2 EL Tomatenketchup
1 EL Worcestersauce
2 Knoblauchzehen, zerdrückt
2 cm frischer Ingwer, geschält und fein gerieben

Für den Krautsalat

150 g Rotkohl, fein gehackt
½ Karotte, geraspelt
1 große Handvoll frisches Koriandergrün
Saft von 1 Limette
1 EL Ahornsirup
2 EL Olivenöl

Für das Pulled Pork das Öl in einer Pfanne bei mittlerer Hitze erwärmen. Paprikapulver, Chiliflocken und Kreuzkümmel vermischen, das Fleisch in der Gewürzmischung wenden und gut festklopfen. Etwa 4–5 Minuten anbraten, bis das Fleisch gleichmäßig bräunt, dann Geflügelfond, Orangenschale und -saft, Zucker sowie Essig, Ketchup und Worcestersauce zugeben. Zuletzt Knoblauch und Ingwer zufügen, auf niedrige Hitze reduzieren und alles zusammen etwa 1½ Stunden leicht köcheln lassen, bis das Fleisch zart ist. Das Fleisch herausnehmen und auf einem Teller leicht abkühlen lassen.

Die Flüssigkeit bei mittlerer Hitze weitere 5–10 Minuten leicht eindicken lassen. Das Fleisch in kleine Stücke reißen, wieder zugeben und mit der Sauce gut vermischen.

Für den Krautsalat Rotkohl, Karotten und Koriandergrün in einer Rührschüssel vermischen. In einer weiteren kleinen Schüssel Limettensaft, Ahornsirup und Olivenöl verrühren und den Salat damit übergießen. Gut vermischen.

Die Brötchen halbieren und die oberen Hälften mit Mayonnaise bestreichen. Das Fleisch auf die unteren Hälften verteilen, mit Krautsalat bedecken und mit den oberen Brötchenhälften abschließen.

Pro Person 2 Sandwiches auf einem Teller anrichten und mit Dillgurken-Scheiben garnieren.

☞ Pulled Pork ist an sich ein klassisches Barbecue-Gericht. Der Name kommt daher, dass Schweinefleisch (*pork*) in Stücke gerissen (*pulled*) wird.

Veggie-Linsen-Burger mit Erdnuss-Sauce

Ergibt 4 Burger

1 EL Olivenöl
4 knusprige Vollkornbrötchen
2 große Handvoll junger Blattspinat
1 kleine Salatgurke, in Scheiben
2 reife Rispentomaten, in Scheiben
½ rote Zwiebel, in Scheiben
Chilisauce (nach Belieben)

Für die Burger

140 g braune Linsen
185 g rote Linsen
2 EL Olivenöl
1 kleine Zwiebel, fein gehackt
2 Knoblauchzehen, fein gehackt
2 cm Ingwer, geschält und fein gehackt
1 kleine rote Chilischote, Samen entfernt und fein gehackt
1 Karotte, grob geraspelt
1 Zucchini, grob geraspelt
2 TL gemahlener Kreuzkümmel
1 TL gemahlene Koriandersamen
80 g Semmelbrösel (am besten frisch)
1 große Handvoll Koriandergrün, gehackt
1 EL Tahina (Sesampaste)
1 EL Zitronensaft
Meersalz und schwarzer Pfeffer aus der Mühle

Erdnuss-Sauce

1 EL Erdnussöl
1 Schalotte, fein gehackt
2 Knoblauchzehen, fein gehackt
2 cm Ingwer, geschält und fein gerieben
1 kleine rote Chilischote, Samen entfernt und fein gehackt
125 g stückige Erdnussbutter
1 Dose Kokosmilch (270 ml)
Saft von 1 Limette
1 EL Sojasauce
1 EL brauner Zucker

Für die Burger braune und rote Linsen getrennt kochen. Die Linsen in einem Topf mit kaltem Wasser bedecken. Zum Kochen bringen, Hitze reduzieren und die braunen Linsen 15 Minuten, die roten Linsen 5 Minuten weich garen. Abgießen und alle Linsen in eine Schüssel geben.

Öl in einer Bratpfanne bei niedriger Hitze erwärmen. Zwiebel, Knoblauch, Ingwer und Chili darin andünsten, dann Karotte, Zucchini sowie Kreuzkümmel und Koriander zugeben und 5 Minuten garen, bis die Karotte weich ist und die Gewürze ihr Aroma entfalten.

Die Gemüsemischung, Semmelbrösel, Koriander, Tahina und Zitronensaft in die Schüssel zugeben und mit den Linsen gut verrühren. Mit Salz und Pfeffer würzen, aus der Masse 4 gleich große Burger formen und diese etwa 30 Minuten kühl stellen.

Inzwischen für die Erdnuss-Sauce Öl in einem kleinen Topf sanft erwärmen. Schalotte mit Knoblauch, Ingwer und Chili glasig anschwitzen. Erdnussbutter, Kokosmilch, Limettensaft sowie Sojasauce und Zucker unterrühren und alles zusammen 2 Minuten weitergaren, bis sich der Zucker auflöst.

Ein Grillgerät stark vorheizen.

Ein Grillblech erhitzen, mit Öl ausstreichen und die Burger auf jeder Seite etwa 4 Minuten goldbraun braten. Man kann dafür auch eine Grillpfanne verwenden.

Inzwischen die Brötchenhälften auf dem Grill oder unter dem Backofengrill kurz rösten.

Untere Brötchenhälften mit Spinat Gurke, Tomate und roter Zwiebel belegen und je einen Burger darauflegen. Zum Servieren mit Erdnuss-Sauce und nach Belieben mit Chilisauce bestreichen.

Krabbencocktail-Brötchen

Für 4 Portionen

24 Garnelen, geschält und gegart
½ kleine rote Zwiebel, fein gewürfelt
1 Vollkornbaguette, in 4 Stücke geschnitten
4 Blatt Eisbergsalat, in feinen Streifen
1 Avocado, in Scheiben
1 kleine Salatgurke, längs in dünne Juliennestreifen geschnitten

Für die Cocktailsauce

1 Eigelb (Ei Größe L)
1 TL Dijon-Senf
1 EL Weißweinessig
125 ml Sonnenblumenöl
1 EL Tomatenketchup
2 TL Worcestersauce
1 Schuss Tabascosauce (oder nach Belieben)
Meersalz und weißer Pfeffer

Für die Cocktailsauce Eigelb mit Senf und Essig in einer kleinen Schüssel verquirlen. Nach und nach unter Rühren Öl zugießen und weiter gut verquirlen, bis die Mischung dickflüssig ist. Dann Ketchup, Worcestersauce und Tabasco untermengen. Mit Salz und Pfeffer würzen.

Die Hälfte der Garnelen grob hacken und in eine Schüssel geben. 3 EL Cocktailsauce und die rote Zwiebel untermengen.

Die Baguettestücke quer einschneiden und leicht öffnen. Mit Salat, Avocadoscheiben und Gurkenstreifen belegen und mit der Garnelenmischung füllen. Die übrigen ganzen Garnelen auf die Brötchen verteilen, mit etwas Cocktailsauce garnieren, pfeffern und gleich servieren.

Steak-Sandwich mit karamellisierten Zwiebeln, Räucherkäse und Speck

Für 4 Portionen

8 kleine Scheiben Speck
4 Sirloin-Steaks (à 150 g)
Olivenöl zum Beträufeln
Meersalz und schwarzer Pfeffer aus der Mühle
8 Scheiben geräucherter Hartkäse (z. B. Cheddar)
8 Scheiben Schwarzbrot oder helles Sauerteigbrot
125 ml Mayonnaise
Barbecue-Sauce (Seite 12)
2 große Handvoll Rucola

Für die karamellisierten Zwiebeln

1 EL Olivenöl
20 g Butter
3 gelbe Zwiebeln, in dünnen Ringen
2 EL brauner Zucker
1 EL englischer Malzessig

Für die karamellisierten Zwiebeln Öl und Butter in einer Bratpfanne erwärmen und die Butter zerlassen. Zwiebeln zugeben und unter Rühren etwa 15 Minuten glasig anschwitzen. Zucker und Essig zugeben und zusammen weitere 10–15 Minuten garen, bis das Ganze karamellisiert. In einer Schüssel beiseitestellen.

Ein Grillgerät stark vorheizen.

Einen Grillrost erhitzen und den Speck auf jeder Seite 1–2 Minuten goldbraun grillen. Auf Küchenpapier abtropfen lassen. Man kann dafür auch eine Grillpfanne verwenden.

Die Steaks zwischen zwei Schichten Backpapier legen und mit einem Nudelholz oder einem Fleischklopfer sanft dünn ausklopfen.

Die Steaks mit Olivenöl beträufeln und mit Salz und Pfeffer würzen. Auf jeder Seite mindestens 1 Minute (innen roh) oder nach Belieben grillen, dann auf ein Grillblech legen. Mit Käse belegen und weitergrillen, bis der Käse geschmolzen ist.

Die Brotscheiben auf dem Grill oder unter dem Backofengrill kurz rösten.

Alle Brotscheiben mit Mayonnaise bestreichen und auf 4 davon je 1 Steak mit Käse sowie 1 Scheibe Speck legen. Mit etwas Barbecue-Sauce bestreichen, mit karamellisierten Zwiebeln und Rucola garnieren und mit den übrigen Brotscheiben abschließen.

Gourmet-Hotdog mit Rotkohlgemüse

Ergibt 4 Stück

4 Bratwürste
4 längliche Hotdog-Brötchen
Dijon-Senf zum Anrichten
125 g geriebener Cheddar

Für das Rotkohl-Apfel-Schmorgemüse

1 EL Olivenöl
20 g Butter
1 rote Zwiebel, in dünnen Ringen
1 Knoblauchzehe, fein gehackt
½ TL Kümmelsamen
1 Lorbeerblatt
¼ Kopf Rotkohl, in Streifen geschnitten
3 EL Apfelsaft
1 EL Apfelessig
1 großer Apfel (z. B. Granny Smith), geschält, entkernt und grob gerieben
1 kleine Handvoll glatte Petersilie, gehackt

Für das Rotkohlgemüse Öl und Butter in einem Topf bei niedriger Hitze zerlassen. Zwiebel und Knoblauch darin anschwitzen, Kümmel und Lorbeer zugeben und mitgaren, bis sie ihr Aroma entfalten. Rotkohl zufügen und unter gelegentlichem Rühren etwa 5 Minuten garen, bis er weich wird. Apfelsaft und Essig zugießen und zugedeckt etwa 10 Minuten weitergaren, dann geriebenen Apfel zugeben und weitere 5 Minuten garen, bis der Apfel weich wird und die Flüssigkeit eingekocht ist. Gehackte Petersilie unterrühren und alles in einer Schüssel beiseitestellen.

Ein Grillgerät stark vorheizen.

Einen Grillrost erhitzen. Die Bratwürste unter häufigem Wenden etwa 5–7 Minuten goldbraun und gar grillen. Man kann dafür auch eine Grillpfanne verwenden.

Die Brötchen der Länge nach tief einschneiden. Die Schnittflächen mit Senf bestreichen und die Brötchen mit Rotkohlgemüse und je einer Bratwurst füllen. Die Füllung mit Käse bestreuen und servieren.

Rindfleisch-Pie mit Rotwein

Ergibt 6 Mini-Pies oder 1 grosse Pie

1 Rezeptmenge Mürbeteig (Seite 28)
1–3 Platten Tiefkühl-Blätterteig, aufgetaut (für die Mini-Pies eventuell mehr, je nach Förmchengröße)
1 Ei (Größe L), leicht verquirlt, zum Bestreichen

Für die Füllung

40 g Butter
10 Schalotten, geviertelt
2 Stangen Sellerie, gewürfelt
5 Knoblauchzehen, fein gehackt
1,2 kg Rinderhaxe (Flachsen entfernt), etwa 2,5 cm dick gewürfelt
3 EL Mehl (Type 550)
Meersalz und schwarzer Pfeffer aus der Mühle
3 EL Olivenöl
750 ml vollmundiger Rotwein (z. B. Merlot oder Shiraz)
250 ml Rinderfond
2 Lorbeerblätter
6 Zweige Thymian

In einem großen Topf mit dickem Boden bei mittlerer Hitze die Butter zerlassen. Schalotten, Selleriewürfel und Knoblauch zugeben und alles sanft anschwitzen, dann in einer Schüssel beiseitestellen.

Mehl salzen, pfeffern und in einen tiefen Teller geben, dann die Fleischwürfel in der Mehlmischung wenden. Etwas Öl in den Topf geben, auf starke Hitze erhöhen und das Fleisch darin portionsweise anbraten. Nach Bedarf jeweils Öl zugeben. Die Zwiebelmischung zum Fleisch geben, Wein und Fond zugießen, dann Lorbeer und Thymian zufügen und gut vermischen. Alles zusammen zugedeckt etwa 1½ Stunden bei niedriger Hitze köcheln lassen, bis das Fleisch zart ist und die Sauce eindickt.

Backofen vorheizen (Umluft 200 °C/Gas Stufe 6).

Die Fleischmischung in einer Schüssel etwa 20 Minuten abkühlen lassen.

Inzwischen mit einer Backform als Schablone aus dem Blätterteig Deckel für die Pie (bzw. Pies) ausschneiden. Bis zum Gebrauch auf einem Backblech kühl stellen.

Die Backform (etwa 28 x 25 x 4 cm) mit Fett ausstreichen und mit dem vorbereiteten Mürbeteig auslegen. Für 6 Mini-Pies Förmchen von 250 ml mit Fett ausstreichen und mit je 1 kleinen Teigkreis auslegen.

Die Mini-Pies oder den Pie-Boden mit der Fleischmischung füllen, dabei die Lorbeerblätter und Thymianzweige entfernen. Die Teigränder mit Wasser befeuchten und die Pie(s) mit Blätterteig bedecken. Die Ränder mit den Fingern oder einer Gabel festdrücken und den Deckel mehrmals einstechen, damit Dampf entweicht. Teigdeckel mit Ei bestreichen.

Die Pie(s) auf einem Backblech im Ofen etwa 20–30 Minuten (bei Mini-Pies) oder 40 Minuten (bei einer großen Pie) backen, bis der Blätterteig aufgeht und bräunt.

Rindfleisch-Pilz-Pie

Ergibt 6 Mini-Pies oder 1 grosse Pie

1 Rezeptmenge Mürbeteig (Seite 28)
1–3 Platten Tiefkühl-Blätterteig, aufgetaut (für die Mini-Pies eventuell mehr, je nach Förmchengröße)
1 Ei (Größe L), leicht verquirlt, zum Bestreichen

Für die Füllung

40 g Butter
1 Zwiebel, gewürfelt
4 Knoblauchzehen, fein gehackt
500 g gemischte Pilze (z. B. weiße und braune Champignons, gemischte Waldpilze), in dicken Scheiben
1 kg Rindernacken, etwa 2,5 cm dick gewürfelt
3 EL Mehl (Type 550)
Meersalz und schwarzer Pfeffer aus der Mühle
3 EL Olivenöl
250 ml vollmundiger Rotwein (z. B. Merlot oder Shiraz)
750 ml Rinderfond
2 Lorbeerblätter
4 Thymianzweige

In einem großen Topf mit dickem Boden bei mittlerer Hitze die Butter zerlassen. Zwiebel und Knoblauch zugeben und sanft anschwitzen. Dann die Pilze zugeben und mitgaren, bis sie bräunen. In einer Schüssel auskühlen lassen.

Mehl salzen und pfeffern. Die Fleischwürfel in der Mischung wenden.

Etwas Öl in den Topf geben und auf starke Hitze erhöhen. Das Fleisch portionsweise anbraten und bei Bedarf mehr Öl zugeben. Die Pilzmischung zum Fleisch geben, dann Wein und Fond zugießen. Zuletzt Lorbeer und Thymian zufügen und alles gut vermischen. Zugedeckt etwa 1½ Stunden köcheln lassen, dann den Deckel abnehmen und die Mischung weitere 30 Minuten garen, bis das Fleisch zart und die Sauce eingedickt ist.

Backofen vorheizen (Umluft 200 °C/Gas Stufe 6).

Die Fleischmischung in eine Schüssel füllen und etwa 20 Minuten abkühlen lassen.

Inzwischen aus dem Blätterteig Deckel für die Pie(s) ausschneiden. Dazu eine Backform oder kleine Förmchen als Schablone benutzen. Bis zum Gebrauch auf einem Backblech kühl stellen.

Die Backform (etwa 28 x 25 x 4 cm) mit Fett ausstreichen und mit dem vorbereiteten Mürbeteig auslegen. Für 6 Mini-Pies Förmchen von 250 ml mit Fett ausstreichen und mit je 1 kleinen Teigkreis auslegen.

Mini-Pies oder Teigboden mit der Fleischmischung füllen, dabei die Lorbeerblätter und Thymianzweige entfernen. Die Teigränder mit Wasser befeuchten und mit Blätterteig bedecken. Die Ränder mit den Fingern oder einer Gabel festdrücken und den Deckel mehrmals einstechen, damit Dampf entweicht. Teigdeckel mit Ei bestreichen.

Die Pie(s) auf einem Backblech im Ofen etwa 20–30 Minuten (bei Mini-Pies) oder 40 Minuten (bei einer großen Pie) backen, bis der Blätterteig aufgeht und bräunt.

Rindfleisch-Bier-Pie

Ergibt 6 Mini-Pies oder 1 grosse Pie

1 Rezeptmenge Mürbeteig (Seite 28)
1–3 Platten Tiefkühl-Blätterteig, aufgetaut (für die Mini-Pies eventuell mehr, je nach Förmchengröße)
1 Ei (Größe L), leicht verquirlt, zum Bestreichen

Für die Füllung

40 g Butter
2 Zwiebeln, gewürfelt
2 Stangen Sellerie, gewürfelt
1 Karotte, gewürfelt
5 Knoblauchzehen, fein gehackt
1,2 kg Rinderschulter (Flachsen entfernt), ca. 2,5 cm dick gewürfelt
3 EL Mehl (Type 550)
Meersalz und schwarzer Pfeffer aus der Mühle
3 EL Olivenöl
2 Dosen dunkles Bier, am besten Guinness (à 440 ml)
125 ml Rinderfond
2 EL Worcestersauce
1 EL Tomatenmark
1 Zweig Rosmarin

In einem großen Topf mit dickem Boden die Butter langsam zerlassen. Zwiebeln, Sellerie, Karottenwürfel und Knoblauch zugeben und andünsten, dann in einer Schüssel beiseitestellen.

Mehl mit Salz und Pfeffer würzen und die Fleischwürfel darin wenden.

Etwas Öl in den Topf geben und auf starke Hitze erhöhen. Das Fleisch darin portionsweise braun anbraten und bei Bedarf mehr Öl zugeben. Die Gemüsemischung zugeben, dann Bier und Fond zugießen. Worcestersauce, Tomatenmark und Rosmarin unterrühren und alles zusammen zugedeckt etwa 1½ Stunden bei niedriger Hitze köcheln lassen. Den Deckel abnehmen und weitere 30 Minuten köcheln lassen, bis das Fleisch zart ist und die Sauce eindickt.

Die Fleischmischung in einer Schüssel etwa 20 Minuten abkühlen lassen.

Inzwischen den Backofen vorheizen (Umluft 200 °C/Gas Stufe 6).

Mit der Backform oder den Förmchen als Schablone aus dem Blätterteig Deckel für die Pie (bzw. Pies) ausschneiden. Bis zum Gebrauch auf einem Backblech kühl stellen.

Die Backform (etwa 28 x 25 x 4 cm) mit Fett ausstreichen und mit dem vorbereiteten Mürbeteig auslegen. Für 6 Mini-Pies Förmchen von 250 ml mit Fett ausstreichen und mit je 1 kleinen Teigkreis auslegen.

Den Teigboden oder die Mini-Pies mit der Fleischmischung füllen und den Rosmarinzweig entfernen. Die Teigränder mit Wasser befeuchten und die Pie(s) mit dem Blätterteig bedecken. Die Ränder mit den Fingern oder einer Gabel festdrücken. Teigdeckel mehrmals einstechen, damit Dampf entweicht, und mit Ei bestreichen.

Die Pie(s) auf einem Backblech im Ofen etwa 20–30 Minuten (bei Mini-Pies) oder 40 Minuten (bei einer großen Pie) backen, bis der Blätterteig aufgeht und bräunt.

Hähnchen-Pie mit Estragon

Ergibt 6 Mini-Pies oder 1 grosse Pie

1 Rezeptmenge Mürbeteig (Seite 28)
1–3 Platten Tiefkühl-Blätterteig, aufgetaut (für die Mini-Pies eventuell mehr, je nach Förmchengröße)
1 Ei (Größe L), leicht verquirlt, zum Bestreichen

Für die Füllung

40 g Butter
1 Zwiebel, gewürfelt
½ Stange Lauch, weiße Teile, in dünnen Ringen
4 Knoblauchzehen, fein gehackt
1,2 kg Hähnchenkeulen ohne Haut und Knochen, etwa 2,5 cm dick gewürfelt
3 EL Mehl (Type 550)
Meersalz und schwarzer Pfeffer aus der Mühle
3 EL Olivenöl
125 ml trockener Weißwein
500 ml Geflügelfond
250 ml Sahne
3 EL Estragon, gehackt

Für die Füllung Butter in einem großen Topf mit dickem Boden zerlassen. Zwiebel, Lauch und Knoblauch darin glasig anschwitzen, dann herausnehmen und in einer Schüssel beiseitestellen. Die Hähnchenwürfel in Mehl mit Salz und Pfeffer wenden.

Etwas Öl in den Topf geben und auf starke Hitze erhöhen. Die Fleischwürfel darin portionsweise braun anbraten und bei Bedarf mehr Öl zufügen. Dann die Zwiebel-Lauch-Mischung wieder zum Fleisch zugeben, Wein zugießen und aufkochen. Fond und Sahne zugeben und alles zusammen bei niedriger Hitze etwa 30 Minuten köcheln lassen. Estragon unterrühren und die Mischung noch 10–15 Minuten weiterköcheln lassen, bis die Sauce eindickt.

Die Fleischmischung in einer Schüssel etwa 20 Minuten abkühlen lassen.

Backofen vorheizen (Umluft 200 °C/Gas Stufe 6).

Inzwischen mit der Backform oder den Förmchen als Schablone aus dem Blätterteig Deckel für die Pie (bzw. Pies) ausschneiden. Bis zum Gebrauch auf einem Backblech kühl stellen.

Die Backform (etwa 28 x 25 x 4 cm) mit Fett ausstreichen und mit dem vorbereiteten Mürbeteig auslegen. Für 6 Mini-Pies Förmchen von 250 ml mit Fett ausstreichen und mit je 1 kleinen Teigkreis auslegen.

Den Teigboden oder die Mini-Pies mit der Fleischmischung füllen. Die Teigränder mit Wasser befeuchten und die Pie(s) mit dem Blätterteig bedecken. Die Ränder mit den Fingern oder einer Gabel festdrücken. Teigdeckel mehrmals einstechen, damit Dampf entweicht, und mit Ei bestreichen.

Die Pie(s) auf einem Backblech im Ofen etwa 20–30 Minuten (bei Mini-Pies) oder 40 Minuten (bei einer großen Pie) backen, bis der Blätterteig aufgeht und bräunt.

Vegetarische Curry-Pie

Ergibt 6 Mini-Pies oder 1 grosse Pie

1 Rezeptmenge Mürbeteig (Seite 28)
1–3 Platten Tiefkühl-Blätterteig, aufgetaut (für die Mini-Pies eventuell mehr, je nach Förmchengröße)
1 Ei (Größe L), leicht verquirlt, zum Bestreichen

Für die Füllung

1 EL Öl
1 Zwiebel, gewürfelt
2 Knoblauchzehen, fein gehackt
1 EL fein geriebener Ingwer
1 rote Chilischote, Samen entfernt und fein gehackt
1½ EL Mehl (Type 550)
1 TL Garam Masala
1 TL gemahlener Kreuzkümmel
1 TL gemahlene Koriandersamen
½ TL gemahlene Kurkuma
¼ TL Chilipulver
250 g Blumenkohl, in sehr kleine Röschen zerteilt
1 Karotte, etwa 1,5 cm dick gewürfelt
1 Kartoffel, etwa 1,5 cm dick gewürfelt
½ Süßkartoffel, etwa 1,5 cm dick gewürfelt
2 Tomaten, klein gewürfelt
80 g Blattspinat, grob gehackt
60 g Erbsen
125 g Sahne
Meersalz und schwarzer Pfeffer aus der Mühle

Für die Füllung Öl in einer großen Bratpfanne langsam erhitzen. Zwiebel, Knoblauch, Ingwer und Chilischote darin andünsten, dann mit Mehl und Gewürzen etwa 10 Sekunden anschwitzen, bis die Gewürze ihr Aroma entfalten. Blumenkohl, Karotte, Kartoffel- und Süßkartoffelwürfel zugeben und 1 Tasse (250 ml) Wasser zugießen. Alles zugedeckt etwa 15 Minuten garen, bis die Flüssigkeit eingekocht und das Gemüse weich ist. Zum Schluss Tomatenwürfel, Spinat, Erbsen und Sahne unterrühren und weitere 5 Minuten mitgaren, sodass die Sauce eindickt. Die Mischung mit Salz und Pfeffer abschmecken und in einer Schüssel etwa 20 Minuten abkühlen lassen. Danach zum vollständigen Auskühlen in den Kühlschrank stellen.

Backofen vorheizen (Umluft 200 °C/Gas Stufe 6).

Inzwischen mit einer Backform oder den Förmchen als Schablone aus dem Blätterteig Deckel für die Pie (bzw. Pies) ausschneiden. Bis zum Gebrauch auf einem Backblech kühl stellen.

Die Backform (etwa 28 x 25 x 4 cm) mit Fett ausstreichen und mit dem vorbereiteten Mürbeteig auslegen. Für 6 Mini-Pies Förmchen von 250 ml mit Fett ausstreichen und mit je 1 kleinen Teigkreis auslegen.

Den Teigboden oder die Mini-Pies mit der Gemüsemischung füllen, die Teigränder mit Wasser befeuchten und die Pie(s) mit den Blätterteigkreisen bedecken. Die Ränder mit den Fingern oder einer Gabel festdrücken. Deckel mehrmals einstechen, damit Dampf entweicht, und mit Ei bestreichen.

Die Pie(s) auf einem Backblech im Ofen etwa 20–30 Minuten (bei Mini-Pies) oder 40 Minuten (bei einer großen Pie) backen, bis der Blätterteig aufgeht und bräunt.

Grundrezept für Mürbeteig

300 g Mehl (Type 550)
150 g kühle Butter in Würfeln sowie zerlassene Butter für die Form

Mit der zerlassenen Butter die Form ausstreichen: Der Teig reicht für sechs kleine Pie-Förmchen zu 250 ml oder eine große Pie-Form (etwa 28 × 25 × 4 cm). Die Form oder Förmchen kühl stellen.

In einer Küchenmaschine Mehl und Butter fein krümelig mixen. Nach und nach etwa 75 ml kaltes Wasser zugießen und nach jeder Zugabe gut verrühren. Die Mischung soll trocken und krümelig wirken. Auf eine saubere Arbeitsfläche stürzen, rasch zu einem glatten Teig verkneten und zu einer Scheibe formen. In Frischhaltefolie wickeln und etwa 30 Minuten kühl stellen. Für handgerührten Teig Butter und Mehl in einer Rührschüssel mit den Fingern verreiben und das Wasser unterkneten.

Für die Mini-Pies den Teig in 6 gleich große Portionen teilen und zwischen zwei Schichten Backpapier etwa 3 mm dick ausrollen. Für eine große Pie die gesamte Teigmenge auf etwas mehr als die Formgröße ausrollen, sodass ein kleiner Teigrest übrig bleibt. Die gekühlten Förmchen oder die gekühlte Backform mit dem Teig auslegen und Teigüberhänge abschneiden. Die ausgelegte Form weitere 20 Minuten kühl stellen.

☞ Der Teig kann gut vorbereitet und bis zum Gebrauch im Kühlschrank aufbewahrt werden. Vor dem Verarbeiten auf Raumtemperatur erwärmen lassen.

Räucherfisch-Pie

Ergibt 4 Mini-Pies oder 1 grosse Pie

Für die Füllung

500 ml Milch
½ Zwiebel, gespickt mit 3 ganzen Gewürznelken
2 Lorbeerblätter
4 schwarze Pfefferkörner ganz
400 g Fischfilets, grätenfrei und ohne Haut (z. B. Makrele oder Kabeljau)
20 g Butter
1 EL Olivenöl
2 Stangen Sellerie, gewürfelt
½ Stange Lauch, weiße Teile, in feinen Ringen
2 Frühlingszwiebeln, gehackt
3 EL Mehl (Type 550)
1 geräucherte Forelle (etwa 300 g), ohne Haut und Gräten, das Fleisch mit der Gabel zerpflückt
3 Eier (Größe L), hartgekocht, geschält und in Spalten geschnitten
60 g Erbsen, tiefgefroren
1 EL Zitronensaft
2 EL Dill, gehackt
2 EL glatte Petersilie, gehackt
1 EL Kapern, gewaschen und gehackt
Meersalz und schwarzer Pfeffer aus der Mühle

Für den Deckel

3 Tassen Semmelbrösel (möglichst frisch)
40 g Butter, zerlassen
2 EL glatte Petersilie, gehackt

Für die Füllung Milch, Zwiebel, Lorbeer und ganzen Pfeffer in einem Topf bei starker Hitze zum Kochen bringen, dann die Hitze reduzieren, Fischfilets zugeben und etwa 5 Minuten pochieren, sodass der Fisch gerade gar ist und das Fleisch sich mit der Gabel leicht lösen lässt.

Die Filets mit einem Sieblöffel herausnehmen und in einer Schüssel mit der Gabel grob zerpflücken. Die Pochierflüssigkeit für den späteren Gebrauch beiseitestellen.

In einem weiteren Topf Butter und Öl bei niedriger Hitze zerlassen. Sellerie, Lauch und Frühlingszwiebel darin anschwitzen, dann mit Mehl stäuben und unter Rühren 1 Minute weitergaren. Nach und nach unter Rühren die Pochierflüssigkeit zugießen und weitere 5 Minuten köcheln lassen, bis die Sauce eindickt. Dabei häufig rühren, damit sich keine Klumpen bilden. Vom Herd nehmen. Zerkleinerten Fisch, Forelle, dann Eier, Erbsen und Zitronensaft zugeben und schließlich Dill, Petersilie und Kapern unterrühren. Mit Salz und Pfeffer abschmecken und etwa 20 Minuten abkühlen lassen.

Backofen vorheizen (Umluft 200 °C/Gas Stufe 6).

Die Fischfüllung in vier kleine feuerfeste Förmchen (à 375 ml) oder in eine Auflaufform (ca. 2 Liter) füllen. Für den Deckel Semmelbrösel, zerlassene Butter und Petersilie in einer Rührschüssel vermischen und über der Fischfüllung verteilen.

Die Pie(s) in der Form auf ein Backblech stellen und 15 Minuten (für Mini-Pies) oder 20–25 Minuten (für eine große Pie) backen, bis der Deckel knusprig und goldbraun ist.

Shepherd's Pie

Ergibt 6 Mini-Pies oder 1 grosse Pie

Für die Füllung

10 g getrocknete Steinpilze
1 EL Olivenöl
2 Zwiebeln, klein gewürfelt
2 Karotten, klein gewürfelt
3 Knoblauchzehen, fein gehackt
700 g Lammhackfleisch
125 ml Rotwein
250 ml Rinderfond
2 EL Tomatenmark
2 EL Worcestersauce
2 Lorbeerblätter

Für den Kartoffeldeckel

1 kg Kartoffeln, vorwiegend festkochend oder mehligkochend
125 g Sahne
100 g Butter
1 TL scharfer englischer Senf
Meersalz und weißer Pfeffer aus der Mühle
125 g geriebener Käse

Für die Füllung die Steinpilze 20 Minuten in 125 ml heißem Wasser einweichen, dann abgießen und grob hacken.

Öl in einem Topf mit dickem Boden bei mittlerer Hitze erwärmen. Zwiebeln, Karotten und Knoblauch darin andünsten, dann Hackfleisch zugeben und 5–10 Minuten braun anbraten. Wein und Fond zugießen, dann Tomatenmark, Steinpilze, Worcestersauce und Lorbeer unterrühren und alles zum Kochen bringen. Die Hitze reduzieren und alles zusammen zugedeckt etwa 30 Minuten köcheln lassen, dann den Deckel abnehmen und weitere 15 Minuten garen, bis das Fleisch zart und die Sauce dickflüssig ist.

Inzwischen für den Kartoffeldeckel Kartoffeln schälen, halbieren und in einen großen Topf mit kaltem Salzwasser legen. Zudecken, bei starker Hitze zum Kochen bringen, dann den Deckel abnehmen und die Kartoffeln etwa 15 Minuten weich kochen. Mit einem Grillspieß die Garprobe machen, dann abgießen.

Die Kartoffeln in einer Schüssel beiseitestellen. In dem verwendeten Topf Sahne, Butter und Senf verrühren und bei mittlerer Hitze erwärmen, bis die Butter schmilzt. Kartoffeln wieder zugeben und zerstampfen, dann mit einem Holzlöffel mit der Sahnemischung vermengen. Mit Salz und weißem Pfeffer abschmecken.

Backofen vorheizen (Umluft 180 °C/Gas Stufe 4).

Die Fleischfüllung in 6 kleine Förmchen (à 375 ml) oder eine große Auflaufform (ca. 2 Liter) füllen. Die Kartoffelmasse darauf verteilen und mit geriebenem Käse bestreuen.

Die Pie(s) auf ein Backblech stellen und im Ofen etwa 15 Minuten (für die Mini-Pies) oder 20–25 Minuten (für eine große Pie) backen, bis der Kartoffeldeckel bräunt.

Fleischpastetchen

Ergibt 6 Stück

Für die Füllung

500 g Schweineschulter ohne Knochen
2 Scheiben Speck, grob gehackt
1 EL frischer Salbei, fein gehackt
1 EL frischer Thymian, fein gehackt
½ TL gemahlene Muskatnuss
¼ TL gemahlener Piment
Meersalz und schwarzer Pfeffer aus der Mühle

Für den Teig

450 g Mehl (Type 550)
1 Ei (Größe L), leicht verquirlt, sowie 1 Ei, leicht verquirlt, zum Bestreichen
100 g Fett (Schweineschmalz, Butter oder Margarine)
50 g Butter

Für das Gelee

2 Blatt Gelatine oder 1 TL Gelatinepulver
180 ml Geflügelfond

Backofen vorheizen (Umluft 200 °C/Gas Stufe 6) und eine Muffinform (6 Vertiefungen à 180 ml) leicht einfetten.

Für die Füllung 300 g Schweineschulter in ca. 1 cm dicke Würfel schneiden. Übriges Fleisch grob hacken und in der Küchenmaschine zusammen mit dem Speck fein hacken. Mit Fleischwürfeln, Kräutern und Gewürzen verrühren, salzen und pfeffern.

Für den Pastetenteig Mehl in eine Schüssel sieben und in der Mitte eine Vertiefung machen. 1 Ei hineingeben und mit etwas Mehl bedecken. Fett, Butter und 250 ml Wasser in einem kleinen Topf bei mittlerer Hitze erwärmen und gerade zerlassen, dann die Mischung in die Vertiefung gießen und mit einer Gabel untermengen, bis die Masse zusammenhält. Auf eine saubere Arbeitsfläche stürzen und zu einem glatten Teig verkneten. Den Teig zu 2 Scheiben formen und ein wenig fest werden lassen.

Den Teig zwischen zwei Schichten Backpapier etwa 5 mm dick ausrollen. 6 Teigkreise zu etwa 14 cm Durchmesser ausschneiden und die Förmchen damit auskleiden. Aus dem übrigen Teig 6 weitere Kreise von 10 cm Durchmesser für die Deckel ausschneiden und beiseitestellen.

Die Füllung auf die Teigböden verteilen und die Ränder mit Wasser befeuchten. Die Deckel darauflegen, gut festdrücken und mit Ei bestreichen. In der Mitte ein ca. 1 cm breites Loch als Kamin ausschneiden.

Die Pasteten im Ofen etwa 50 Minuten backen, bis sie goldbraun sind. Herausnehmen, auskühlen lassen und mindestens 2 Stunden kühl stellen.

Für das Gelee Gelatineblätter 5 Minuten in kaltem Wasser quellen lassen. Fond in einem kleinen Topf erwärmen. Die Gelatine ausdrücken, in den heißen Fond geben und unter Rühren zergehen lassen. Gelatinepulver in etwas kaltem Wasser quellen lassen und mit dem Fond verrühren. Mit einem kleinen Trichter durch die Kamine in die Pasteten füllen und über Nacht kühl stellen, sodass die Masse fest wird. Pasteten mit englischem Senf und Gewürzgurken kalt servieren.

Hackfleischpastetchen

Ergibt 6 Stück

- **300 g Rinderhack**
- **1 Zwiebel, 1 cm dick gewürfelt**
- **1 Steckrübe, 1 cm dick gewürfelt**
- **1 Kartoffel, 1 cm dick gewürfelt**
- **Meersalz und schwarzer Pfeffer aus der Mühle**
- **1 Ei (Größe L), leicht verquirlt, zum Bestreichen**

Für den Teig

- **75 g Fett (Schweineschmalz, Butter oder Margarine), gewürfelt und im Gefrierschrank gekühlt**
- **75 g Butter, gewürfelt und im Gefrierschrank gekühlt**
- **300 g Mehl (Type 550)**

Für den Teig Fett, Butter und Mehl in der Küchenmaschine fein krümelig mixen. Nach und nach 75 ml kaltes Wasser zugießen und unterrühren. Die Masse auf eine saubere Arbeitsfläche stürzen und rasch zu einem glatten Teig verkneten. In Frischhaltefolie wickeln und 30 Minuten kühl stellen.

Backofen vorheizen (Umluft 200 °C/Gas Stufe 6) und ein großes Backblech leicht einfetten.

Den Teig in 6 gleich große Portionen teilen und nacheinander zwischen zwei Schichten Backpapier etwa 3 mm dick ausrollen. Aus jeder Teigscheibe einen Kreis von etwa 18 cm Durchmesser ausschneiden (entspricht etwa der Größe eines Desserttellers).

Fleisch mit Zwiebel-, Rüben- und Kartoffelwürfeln in einer Rührschüssel vermischen und mit Salz und Pfeffer würzen. Die Füllung gleichmäßig auf die Teigkreise verteilen und möglichst in die Mitte setzen. Die Teigränder mit Wasser befeuchten und in der Mitte einschlagen. Mit den Fingern gut verschließen.

Die Pasteten mit den verschlossenen Ecken nach oben auf das Backblech legen und mit einer Gabel mehrmals einstechen, damit Dampf entweichen kann. Mit Ei bestreichen und im Ofen etwa 40–45 Minuten goldbraun backen.

Gemüsepastetchen

Ergibt 6 Stück

150 g Zwiebeln, fein gewürfelt
150 g Steckrüben, fein gewürfelt
225 g Kartoffeln, fein gewürfelt
150 g Pastinaken, fein gewürfelt
1 Stange Sellerie, gewürfelt
60 g Erbsen, tiefgefroren
2 EL glatte Petersilie, gehackt
2 Knoblauchzehen, fein gehackt
1 EL frischer Thymian, fein gehackt
Meersalz und schwarzer Pfeffer aus der Mühle
1 Ei (Größe L), leicht verquirlt, zum Bestreichen

Für den Teig

150 g Butter, gewürfelt und kurz im Gefrierschrank gekühlt
300 g Mehl (Type 550)

Für den Teig die kühle Butter mit Mehl in der Küchenmaschine fein krümelig rühren. Nach und nach 75 ml kaltes Wasser untermengen, bis die Masse zusammenhält. Auf eine saubere Arbeitsfläche stürzen und rasch zu einem glatten Teig verkneten. Aus dem Teig eine Scheibe formen, mit Frischhaltefolie bedecken und etwa 30 Minuten kühl stellen.

Backofen vorheizen (Umluft 200 °C/Gas Stufe 6) und ein großes Backblech leicht einfetten.

Den Teig in 6 gleich große Portionen teilen und nacheinander etwa 3 mm dick ausrollen. Aus jeder Scheibe einen Teigkreis von etwa 18 cm ausschneiden (entspricht etwa einem Brotteller).

Für die Füllung Zwiebeln, Steckrüben, Kartoffeln, Pastinaken, Sellerie und Erbsen mit Petersilie, Knoblauch und Thymian in einer Rührschüssel vermischen und mit Salz und Pfeffer würzen. Die Füllung in der Mitte der Teigkreise aufbringen, die Teigränder mit Wasser befeuchten und in der Mitte einschlagen. Der Länge nach verschließen und mit den Fingern festdrücken.

Die Pasteten mit dem Verschlussrand nach oben auf das Backblech legen und den Teig mit einer Gabel einstechen, damit Dampf entweichen kann. Mit Ei bestreichen und im Ofen 40–45 Minuten goldbraun backen.

Gefüllte Blätterteigrollen

Ergibt 8 Stück

1 EL Olivenöl
1 gelbe Zwiebel, fein gehackt
2 Knoblauchzehen, fein gehackt
1 EL Fenchelsamen sowie ½ TL Fenchelsamen zerstoßen zum Bestreuen
½ Karotte, grob geraspelt
1 Stange Sellerie, fein gehackt
500 g Schweinehackfleisch
½ Apfel (z. B. Granny Smith), geschält und grob gerieben
1 TL Salz
½ TL schwarzer Pfeffer aus der Mühle
2 Platten Tiefkühl-Blätterteig, aufgetaut
1 Ei (Größe L), leicht verquirlt, zum Bestreichen
2 TL Sesamsamen zum Bestreuen

Backofen vorheizen (Umluft 200 °C/Gas Stufe 6) und ein großes Backblech mit Backpapier auslegen.

Öl in einer großen Bratpfanne langsam erwärmen. Zwiebel, Knoblauch und ganze Fenchelsamen darin andünsten, dann Karotte und Sellerie zugeben und 10 Minuten mitdünsten. In einer Schüssel abkühlen lassen.

In die Schüssel Fleisch, geriebenen Apfel, Salz und Pfeffer zugeben und gut verrühren. Die Mischung in 8 gleich große Portionen teilen und zu Würsten rollen.

Die beiden Blätterteig-Platten vierteln und in die Mitte jedes Viertels eine Hackfleischrolle legen. Den Teig an einem Rand mit Ei bestreichen und die andere Hälfte über der Füllung einklappen. Die Rollen mit dem Verschlussrand nach unten auf das Backblech legen, mit Ei bestreichen und mit Sesam und zerstoßenem Fenchel bestreuen.

Im vorgeheizten Ofen 20–25 Minuten backen, bis die Füllung gar und der Teig goldbraun ist.

KLASSIKER

Steak Diane

Steak mit verschiedenen Saucen

Auberginen alla parmigiana

Gebackene Calamari auf Salat

Nachos mit Chili-Hackfleisch

Bratwürstchen mit Kartoffelpüree

Hähnchen alla parmigiana

Fish and Chips

Beef Wellington

Hühnchen Kiew mit Knoblauch-Steinpilz-Butter

Lammkoteletts mit Chili-Koriander-Kruste und Süsskartoffelstampf

Saltimbocca

Pilz-Risotto

Gebratene Hähnchenkeulen mit Ricotta-Füllung

Roastbeef mit Mini-Yorkshire-Puddings

Sandwich mit eingelegten Zwiebeln

Schweinekoteletts mit Ahornsirup-Glasur und Bratapfelsauce

Cannelloni mit Ricotta und Spinat

Fettuccine Carbonara

Kürbis-Gnocchi mit Salbeibutter

Caesar Salad mit Hähnchen

Steak Diane

Für 4 Portionen

4 Rinderfiletsteaks (à 200 g)
1 EL Olivenöl
Meersalz und schwarzer Pfeffer aus der Mühle
20 g Butter
4 Schalotten, fein gehackt
3 Knoblauchzehen, fein gehackt
3 EL Dijon-Senf
3 EL Worcestersauce
75 ml Brandy
250 g Sahne
1 kleine Handvoll glatte Petersilie, fein gehackt

Eine große Bratpfanne bei starker Hitze erwärmen. Steaks mit Öl beträufeln und mit Salz und Pfeffer würzen. Auf jeder Seite mindestens 4 Minuten (medium) oder nach Belieben braten, dann auf einem Teller zugedeckt beiseitestellen.

Auf niedrige Hitze reduzieren und für die Sauce in der gleichen Pfanne die Butter zerlassen. Schalotte und Knoblauch darin glasig anschwitzen, dann Senf und Worcestersauce unterrühren. Mit Brandy ablöschen und flambieren, bis er verbrannt ist, dabei die Pfanne leicht schwenken. Sahne zugießen und 1–2 Minuten köcheln lassen, sodass die Sauce leicht eindickt. Zum Schluss gehackte Petersilie unterrühren.

Zum Anrichten die Steaks mit der Sauce übergießen.

Steak mit verschiedenen Saucen

Für 4 Portionen

Für das Steak

4 Steaks (Rinderfiletsteak, Hochrippe, Sirloin-Steak oder Porterhouse-Steak)
Olivenöl zum Bestreichen
Salz und Pfeffer aus der Mühle

Eine Grillpfanne bei mittlerer bis starker Hitze erwärmen.

Die Steaks mit Öl bestreichen und mit Salz und Pfeffer würzen. Auf jeder Seite 3–4 Minuten (medium) oder nach Belieben grillen: Die Grilldauer schwankt je nach Größe des Fleischstückes. Vor dem Servieren die Steaks auf einem Teller oder Servierbrett an einem warmen Ort zugedeckt etwa 5 Minuten ziehen lassen.

Knoblauchbutter

☞ Gut vorzubereiten

100 g weiche Butter (Zimmertemperatur)
2 Knoblauchzehen, zerdrückt

Weiche Butter und Knoblauch in einer Schüssel glatt rühren. Die Masse zu einer Stange von ca. 6 cm Länge rollen, in Frischhaltefolie wickeln und die Folie an den Enden zum Verschließen eindrehen. Im Kühlschrank etwa 1 Stunde kühl stellen, bis die Butter fest ist, dann die Stange in 4 Scheiben schneiden, die Scheiben einzeln in Frischhaltefolie wickeln und bis zum Gebrauch kühl stellen.

Zum Anrichten eine Scheibe Knoblauchbutter auf jedes Steak legen.

Klassischer Bratensaft

☞ Kann zubereitet werden, während das Fleisch zieht

20 g Butter
2 EL Mehl (Type 550)
125 ml Rotwein
500 ml Rinderfond

In der Grillpfanne, in der die Steaks zubereitet wurden, die Butter bei niedriger Hitze zerlassen. Das Mehl in die Butter mit dazugeben und mit einem Holzlöffel 20 Sekunden verrühren, dann Wein und Fond zugießen und alles zum Kochen bringen. Dabei häufig rühren, damit sich keine Klumpen bilden. Auf niedrige Hitze reduzieren und die Sauce etwa 5 Minuten weiterköcheln lassen, bis sie zähflüssig ist.

Zum Anrichten die fertigen Steaks mit der Sauce übergießen.

Grüne Pfeffersauce

☞ Kann zubereitet werden, während das Fleisch zieht

20 g Butter
2 Schalotten, fein gehackt
1 Knoblauchzehe, zerdrückt
1 EL Brandy
2 EL eingelegter grüner Pfeffer (ganz), abgegossen und abgespült
250 g Sahne
Meersalz

In der Grillpfanne, in der die Steaks gebraten wurden, bei niedriger Hitze die Butter zerlassen. Schalotte und Knoblauch darin glasig anschwitzen, dann Brandy zugießen und flambieren. Alkohol verbrennen lassen, dann Pfefferkörner und Sahne zufügen und bei niedriger Hitze etwa 2 Minuten weiterköcheln lassen, bis die Sauce eindickt. Mit Salz abschmecken.

Zum Anrichten die fertigen Steaks mit der Sauce übergießen.

Pilzsauce

☞ Kann zubereitet werden, während das Fleisch zieht

20 g Butter
150 g Champignons, in Scheiben
1 Knoblauchzehe, zerdrückt
4 Zweige Thymian
3 EL trockener Weißwein
250 g Crème fraîche
Meersalz und weißer Pfeffer gemahlen

In der Grillpfanne, in der die Steaks gebraten wurden, bei niedriger Hitze die Butter zerlassen. Champignons, Knoblauch und Thymian zusammen andünsten, bis die Pilze weich sind und bräunen. Wein und Crème fraîche zugießen und alles zusammen bei niedriger Hitze etwa 2 Minuten weitergaren, bis die Sauce leicht eindickt. Thymian entfernen und die Sauce mit Salz und weißem Pfeffer abschmecken.

Zum Anrichten die fertigen Steaks mit der Sauce übergießen.

Sauce Béarnaise

☞ Zubereitung: 1 Stunde vorher oder während das Fleisch zieht

125 ml weißer Essig
1 Schalotte, fein gehackt
2 schwarzer Pfeffer (ganz)
3 Eigelb (Eier Größe L)
200 g Butter, gewürfelt
1 EL Zitronensaft
1½ EL Estragon, fein gehackt

Essig, Schalotte und Pfeffer in einem kleinen Topf bei niedriger Hitze auf 2 EL Flüssigkeit einkochen lassen. Abgießen, in eine hitzebeständige Schüssel füllen und mit den Eigelben verquirlen. Die Schüssel über einen Topf mit sanft köchelndem Wasser stellen und unter Rühren erhitzen, bis die Mischung eindickt und auf die doppelte Menge aufgeht. Nach und nach 3–4 Würfel Butter unter ständigem Rühren zugeben. Zum Schluss Zitronensaft und Estragon untermengen. Sauce nicht zu stark erhitzen, da sie sonst ausflockt. Bis zum Servieren warmhalten.

Zum Anrichten die fertigen Steaks mit der Sauce übergießen.

Auberginen alla parmigiana

Für 8 Portionen

3 große Auberginen, längs in 1 cm dicke Scheiben geschnitten
Salz zum Bestreuen
Mehl (Type 550) zum Bestäuben
3 Eier (Größe L), leicht verquirlt
125 g Semmelbrösel (am besten frisch)
75 ml Olivenöl
75 ml neutrales Pflanzenöl
400 g frische Mozzarella oder Bocconcini (Mini-Mozzarellakugeln), in Scheiben
125 g Parmesan, grob gerieben
12 Blätter Basilikum, gerissen

Für die Tomatensauce

2 EL Olivenöl
1 Zwiebel, fein gehackt
2 Knoblauchzehen, fein gehackt
2 Dosen gehackte Tomaten (à 400 g)
Meersalz und schwarzer Pfeffer aus der Mühle

Die Auberginenscheiben beidseitig mit Salz bestreuen, auf ein Gitter legen und 1 Stunde entwässern lassen.

Für die Tomatensauce Öl in einem Topf bei mittlerer Hitze erwärmen. Zwiebel und Knoblauch darin glasig anschwitzen, gehackte Tomaten zugeben und etwa 5 Minuten mitgaren, sodass die Masse leicht eindickt. Mit Salz und Pfeffer abschmecken.

Backofen vorheizen (Umluft 180 °C/Gas Stufe 4).

Auberginenscheiben abspülen und mit Küchenpapier abtupfen. Mehl, Eier und Semmelbrösel jeweils in eine flache Schüssel füllen und die Auberginenscheiben erst in Mehl, dann in Ei und zum Schluss in Semmelbröseln wenden. Die Panade vorsichtig festklopfen.

Oliven- und Pflanzenöl in einer großen Bratpfanne bei mittlerer bis starker Hitze erwärmen und die panierten Auberginenscheiben darin portionsweise auf jeder Seite etwa 1 Minute goldbraun backen. Auf Küchenpapier abtropfen lassen.

Eine tiefe Auflaufform (etwa 33 cm × 23 cm) mit etwas Tomatensauce ausstreichen. Auberginenscheiben hineinlegen und je ein Drittel Mozzarella, Parmesan und Basilikum darauf verteilen. Mit Sauce beginnend je 2 weitere Lagen einschichten, bis alle Zutaten aufgebraucht sind.

Mit Alufolie bedeckt im Ofen etwa 30 Minuten backen, dann Folie abnehmen und weitere 15–20 Minuten goldbraun backen. In Portionen teilen und servieren.

Gebackene Calamari auf Salat

Für 4 Portionen

Für die Calamari

600 g Tintenfischtuben
Saft von 1 Zitrone
1½ EL Meersalz
2 TL Szechuan-Pfeffer
½ TL Chiliflocken
75 g Speisestärke
Öl zum Ausbacken

Für den Salat

250 g Zuckererbsen, geputzt
2 große Handvoll gemischte Blattsalate (z. B. Brunnenkresse, Radicchio, Eichblatt und Pak Choi)
1 kleine Salatgurke, längs halbiert und in dünnen Scheiben
2 Frühlingszwiebeln, in ca. 5 cm langen Stücken und längs in Streifen geschnitten
1 große Handvoll Koriandergrün
2 EL Reisweinessig
1 Knoblauchzehe, zerdrückt
½ TL Zucker
3 EL Olivenöl
2 TL Sesamöl

Für die Calamari die Tuben längs aufschneiden, aufbreiten und mit kaltem Wasser abspülen. Die Innenflächen kreuzweise flach einritzen, sodass Karos entstehen, dann die Tuben quer halbieren und in 3 cm breite Streifen schneiden. In einer Schüssel mit Zitronensaft vermischen und zugedeckt 30 Minuten kühl stellen.

Meersalz, Szechuanpfeffer und Chiliflocken im Mörser zerstoßen und gut vermischen, dann in einer kleinen Schüssel beiseitestellen.

Für den Salat in einem Topf Wasser bei starker Hitze zum Kochen bringen und die Zuckererbsen darin kurz blanchieren. Abgießen, mit kaltem Wasser abschrecken und abtropfen lassen.

Erbsen mit den Blattsalaten, Frühlingszwiebelstreifen und Koriandergrün in einer großen Salatschüssel vermischen.

In einer weiteren kleinen Schüssel Essig mit Knoblauch und Zucker verrühren, dann nach und nach Oliven- und Sesamöl zugießen und verquirlen.

Eine Fritteuse oder eine große Bratpfanne zu zwei Dritteln mit Öl füllen und auf 190 °C erhitzen.

Calamari abgießen und mit Küchenpapier abtupfen, dann in Speisestärke wenden und portionsweise etwa 1 Minute frittieren, bis sie knusprig goldbraun sind. Auf Küchenpapier abtropfen lassen und mit der Chilimischung würzen.

Dressing über den Salat träufeln und gut untermischen. Den Salat auf Tellern anrichten und mit gebackenen Calamari belegt servieren.

Nachos mit Chili-Hackfleisch

Für 4 Portionen

230 g Taccochips aus Maismehl
250 g geriebener Käse (würzig)
250 g Sauerrahm

Für das Chili-Hackfleisch

2 EL Olivenöl
1 kleine gelbe Zwiebel, fein gehackt
1 Knoblauchzehe, zerdrückt
2 TL gemahlener Kreuzkümmel
½ TL Cayennepfeffer
¼ TL gemahlener Zimt
½ TL Chilipulver
400 g Rinderhackfleisch
125 ml Rinderfond
2 Tomaten, gewürfelt
1 EL Tomatenmark
1 EL frischer Oregano, fein gehackt
1 Jalapeño-Chilischote, fein gehackt
1 Dose Kidneybohnen (400 g), abgegossen und gewaschen

Für die Salsa

3 reife Tomaten, gewürfelt
½ rote Zwiebel, gewüfelt
1 kleine Handvoll Koriandergrün
1 Jalapeño-Chilischote, fein gewürfelt
1 EL Rotweinessig
2 EL Olivenöl
Meersalz und schwarzer Pfeffer aus der Mühle

Für die Guacamole

2 reife Avocados, halbiert, Stein entfernt
Saft von 1 Limette
1 Knoblauchzehe, zerdrückt
1–3 Spritzer Tabascosauce (oder nach Geschmack)
Meersalz und schwarzer Pfeffer aus der Mühle

Für das Chilifleisch Öl in einer Bratpfanne mit dickem Boden bei niedriger Hitze erwärmen. Zwiebel und Knoblauch darin glasig anschwitzen, dann Gewürze zugeben und 20 Sekunden mitgaren, bis sie ihr Aroma entfalten. Auf mittlere Hitze erhöhen, Fleisch zugeben und unter Rühren etwa 10 Minuten braun anbraten. Fond zugießen, Tomatenwürfel und -mark, Oregano und Chili zugeben und alles zum Kochen bringen. Zugedeckt 30–40 Minuten weichköcheln lassen, dann Kidneybohnen zufügen und weitere 10 Minuten garen, bis die Sauce stark eingedickt ist.

Inzwischen für die Salsa alle Zutaten in einer Schüssel vermischen und mit Salz und Pfeffer abschmecken.

Für die Guacamole mit einem Löffel das Fruchtfleisch aus den Avocados lösen und in einer weiteren Schüssel mit Limettensaft und Knoblauch zerdrücken. Nach Belieben Tabascosauce zugeben und mit Salz und Pfeffer abschmecken.

Backofen vorheizen (Umluft 180 °C/Gas Stufe 4).

Die Hälfte der Taccochips auf vier große ofenfeste Teller oder Suppenschüsseln verteilen und mit der Hälfte vom Käse bestreuen. Die übrigen Chips darauflegen, mit Chilifleisch bedecken und mit dem übrigen Käse bestreuen. Im vorgeheizten Ofen etwa 15 Minuten überbacken, bis der Käse geschmolzen ist.

Die Nachos heiß servieren und Salsa, Guacamole und Sauerrahm dazu reichen.

Bratwürstchen mit Kartoffelpüree

Für 4 Portionen

2 EL Olivenöl
Kartoffelpüree mit Knoblauch (Seite 119)

Für die Kräuterwürstchen

750 g Schweinehackfleisch
3 EL Rotwein
2 Knoblauchzehen, zerdrückt
2 EL Oregano, fein gehackt
1 EL Thymian, fein gehackt
1 EL Olivenöl
2 TL Meersalz
1 TL schwarzer Pfeffer aus der Mühle
1 TL Fenchelsamen, zerstoßen
1 TL Chiliflocken, fein zerstoßen

Für den Bratensaft mit Zwiebeln

1 EL Olivenöl
20 g Butter
2 gelbe Zwiebeln, in dünnen Ringen
2 EL Mehl (Type 550)
125 ml Rotwein
250 ml Rinderfond

Für die Würste alle Zutaten in einer Schüssel vermischen und mit sauberen Händen zu einer glatten, klebrigen Masse verkneten. Aus der Masse 8 gleich große Rollen formen und auf einem Teller zugedeckt mindestens 1 Stunde oder über Nacht kühl stellen.

Für den Bratensaft Öl und Butter in einer großen Bratpfanne langsam erwärmen, bis die Butter schmilzt. Zwiebeln darin andünsten, bis sie bräunen, dann herausnehmen, Mehl in die Pfanne zugeben und unter Rühren 20 Sekunden anschwitzen. Wein zugießen und unter Rühren aufkochen, damit sich keine Klumpen bilden. Dann auf niedrige Hitze reduzieren und 5 Minuten sanft köcheln lassen, bis die Sauce eindickt. Die Zwiebeln wieder in die Pfanne geben und unterrühren. Bis zum Gebrauch warmhalten.

Öl in einer großen Bratpfanne bei mittlerer Hitze erwärmen und die Würste darin 10 Minuten unter Wenden braten, bis sie gleichmäßig bräunen.

Mit Kartoffelpüree und Bratensaft servieren.

Hähnchen alla parmigiana

Für 4 Portionen

4 Hähnchenbrustfilets ohne Haut
50 g Mehl (Type 550)
2 Eier (Größe L), leicht verquirlt
Öl zum Ausbacken
4 Scheiben Räucherschinken
4 Scheiben Mozzarella

Für die Parmesanpanade

1 Laib Weißbrot vom Vortag, Rinde entfernt und grob in Stücke geschnitten
50 g fein geriebener Parmesan
2 EL frischer Oregano, gehackt

Für die Sauce Napoli

1 kg reife Rispentomaten
2 EL Olivenöl
1 kleine gelbe Zwiebel, fein gehackt
2 Knoblauchzehen, fein gehackt
1 EL Tomatenmark
1 TL Zucker
2 EL frischer Oregano, fein gehackt
1 kleine Handvoll Basilikum, gehackt
Salz und schwarzer Pfeffer aus der Mühle

Backofen vorheizen (Umluft 120 °C/Gas Stufe ¼–½).

Für die Panade Brotstücke auf einem Backblech verteilen und im Ofen 15–20 Minuten rösten. Anschließend portionsweise in einer Küchenmaschine grob hacken. 2 Tassen Brösel in eine Schüssel füllen, mit Parmesan und Oregano verrühren und beiseitestellen. Die übrigen Brösel können luftdicht verschlossen bis zu 1 Woche aufbewahrt werden.

Für die Sauce Wasser in einem Topf zum Kochen bringen. Die Tomaten an der Unterseite kreuzweise einschneiden und den Stielansatz entfernen. Tomaten im heißen Wasser 10 Sekunden blanchieren, bis sich die Haut leicht löst, dann abgießen und mit kaltem Wasser abschrecken. Die Haut lässt sich jetzt leicht abziehen. Geschälte Tomaten halbieren, Samen entfernen und das Fruchtfleisch grob hacken.

Öl in einem Topf erhitzen. Zwiebel und Knoblauch darin glasig anschwitzen, dann Tomaten zugeben und unter gelegentlichem Rühren 10 Minuten weich garen. Tomatenmark, Zucker und Oregano zugeben und alles zusammen weitere 10–15 Minuten zu einer dickflüssigen Sauce einkochen lassen. Basilikum unterrühren und mit Salz und Pfeffer abschmecken.

Backofentemperatur erhöhen (Umluft 180 °C/Gas Stufe 4).

Die Hähnchenbrüste an der dicksten Stelle tief ein-, aber nicht durchschneiden und aufklappen. Zwischen zwei Schichten Backpapier gleichmäßig dünn ausklopfen. Mit Mehl bestäuben, in Ei wenden und gleichmäßig mit Parmesanpanade bedecken.

Eine tiefe Bratpfanne etwa 2 cm hoch mit Öl füllen und das Fleisch auf jeder Seite 2–3 Minuten goldbraun herausbacken. Auf Küchenpapier abtropfen lassen.

Die panierten Hähnchen auf ein Backblech legen. Mit Sauce bestreichen und mit je 1 Scheibe Schinken und Mozzarella belegen. 10 Minuten überbacken, bis der Käse geschmolzen ist.

Fish and Chips

Für 4 Portionen

225 g Mehl (Type 550) sowie Mehl zum Bestäuben
1 TL Backpulver
375 ml kaltes Bier
800 g feste weiße Fischfilets (z. B. Kabeljau, Scholle oder Seelachs)
Öl zum Ausbacken
Meersalz
Pommes doppelt frittiert (Seite 118)
Zitronenspalten zum Anrichten

Sauce Tartare

2 Eigelb (Eier Größe L)
1 TL Dijon-Senf
1 EL Zitronensaft
250 ml Sonnenblumenöl
2 EL Essiggurken, fein gehackt
2 EL rote Zwiebeln, fein gehackt
2 EL Kapern, gewaschen und fein gehackt
2 EL Schnittlauch, fein gehackt
1 EL glatte Petersilie, fein gehackt

Mehl und Backpulver in eine flache Schüssel sieben. Nach und nach Bier zugießen und alles mit dem Schneebesen zu einem glatten Backteig verrühren. Zugedeckt mindestens 30 Minuten kühl stellen.

Für die Sauce Tartare Eigelbe, Senf und Zitronensaft verquirlen. Nach und nach unter ständigem Rühren Öl zugießen, bis eine dickflüssige Sauce entsteht. Übrige Zutaten zufügen und die Sauce beiseitestellen.

Eine Fritteuse oder eine Bratpfanne mit dickem Boden zu zwei Dritteln mit Öl füllen und auf 190 °C erhitzen.

Die Fischfilets mit Mehl bestäuben und durch den Backteig ziehen, dann portionsweise je 3–4 Minuten knusprig goldbraun backen. Auf Küchenpapier abtropfen lassen.

Fisch mit Salz und Pfeffer würzen und mit Pommes frites, Sauce Tartare und Zitronenspalten anrichten.

Beef Wellington

Für 4 Portionen

4 Rinderfiletsteaks (à 200 g)
1 EL Olivenöl
Meersalz und schwarzer Pfeffer aus der Mühle
20 g Butter
1 Zwiebel, fein gehackt
1 Knoblauchzehe, fein gehackt
250 g Champignons, fein gehackt
3 Zweige Thymian
100 g Hähnchenleberpastete
4 Platten Tiefkühl-Blätterteig, aufgetaut
1 Ei (Größe L), leicht verquirlt

Backofen vorheizen (Umluft 200 °C/Gas Stufe 6).

Eine große Bratpfanne bei starker Hitze erwärmen. Steaks mit Öl beträufeln, mit Salz und Pfeffer würzen und 3–4 Minuten scharf anbraten, bis sie gleichmäßig bräunen. Auf einem Servierbrett beiseitestellen und abkühlen lassen, dann kühl stellen.

Auf niedrige Hitze reduzieren und in der Pfanne die Butter zerlassen. Zwiebel und Knoblauch darin glasig anschwitzen, dann Champignons und Thymian zugeben und dünsten, bis die Garflüssigkeit verdampft ist. In eine kleine Schüssel füllen, Thymianzweige entfernen und die Mischung leicht abkühlen lassen, dann kühl stellen.

Leberpastete auf die ausgekühlten Steaks streichen und etwas Champignonmischung darauf verteilen. Über jedes Steak eine Platte Blätterteig legen, die Ränder unten einschlagen und Teigüberhänge abschneiden. Aus den Teigresten Verzierungen ausschneiden und die Päckchen damit garnieren. Auf ein Backblech legen und mit Ei bestreichen.

Im vorgeheizten Ofen 20 Minuten backen, bis der Blätterteig aufgeht und bräunt.

Hühnchen Kiew mit Knoblauch-Steinpilz-Butter

Für 4 Portionen

5 g getrocknete Steinpilze
120 g weiche Butter
2 Knoblauchzehen, fein gehackt
2 EL glatte Petersilie, fein gehackt
4 große Hähnchenbrustfilets ohne Haut
2 Eier (Größe L)
2 EL Milch
3 EL Mehl (Type 550)
240 g Semmelbrösel (am besten frisch)
Öl zum Ausbacken

Steinpilze in 3 EL warmem Wasser 30 Minuten lang einweichen, abgießen und fein hacken.

Butter mit Knoblauch, gehackten Pilzen und Petersilie in einer kleinen Schüssel glatt rühren. In 4 gleich große Portionen teilen und jede Portion zu einer etwa 6 cm langen Rolle formen. Die Rollen etwa 15 Minuten im Kühlschrank fest werden lassen.

Die Hähnchenbrustfilets an der dicksten Stelle tief einschneiden, aufklappen und zwischen zwei Schichten Backpapier etwa 5 mm dünn ausklopfen. Es sollten keine Löcher im Fleisch entstehen, da sonst die Butter ausläuft.

Die Filets an der breitesten Stelle mit einer Butterrolle belegen. Die Ränder darüber einschlagen und die Filets einrollen, sodass die Butter fest eingeschlossen ist.

Eier mit Milch leicht verquirlen und die Filetpäckchen zunächst in Mehl, Ei und Semmelbröseln wenden, dann erneut in Ei und Semmelbröseln. Die Panade sanft festdrücken. Auf einem Brett oder Backblech 1 Stunde zugedeckt kühl stellen.

Backofen vorheizen (Umluft 180 °C/Gas Stufe 4).

Eine Fritteuse oder eine Bratpfanne mit dickem Boden zu zwei Dritteln mit Öl füllen und auf 190 °C erhitzen. Zum Abtropfen ein Backblech unter ein Kuchengitter stellen.

Jeweils 2 Hähnchen etwa 5 Minuten goldbraun frittieren, auf einem Gitter über einem Backblech in den Ofen stellen und weitere 10 Minuten backen, bis die panierten Hähnchen gar sind.

Lammkoteletts mit Chili-Koriander-Kruste und Süßkartoffelstampf

Für 4 Portionen

1 große Handvoll Koriandergrün, gehackt
1 EL Olivenöl
2 lange rote Chilischoten, Samen entfernt und fein gehackt
1 kleine rote Chilischote, Samen entfernt und fein gehackt
2 Knoblauchzehen, fein gehackt
fein abgeriebene Schale von 1 Bio-Orange
Meersalz und schwarzer Pfeffer aus der Mühle
12 Lammkoteletts

Süsskartoffelstampf

2 Süßkartoffeln, geviertelt
40 g weiche Butter

Koriandergrün mit Chilischoten, Knoblauch, Orangenabrieb und Öl in einer Schüssel verrühren und mit Salz und Pfeffer würzen.

Süßkartoffeln in einem Topf mit kaltem Salzwasser gerade bedecken und bei starker Hitze zum Kochen bringen. Die Süßkartoffeln etwa 10 Minuten weich garen, dann abgießen und zurück in den Topf geben. Butter zugeben und zerstampfen. Anschließend warmhalten.

Inzwischen eine große Bratpfanne bei starker Hitze erwärmen.

Lammkoteletts in der Chilimischung wenden und auf jeder Seite mindestens 2 Minuten (englische Art) oder nach Belieben braten. Mit Süßkartoffelstampf servieren.

Saltimbocca

Für 4 Portionen

4 Kalbsrückensteaks (à 150 g)
Meersalz und schwarzer Pfeffer aus der Mühle
8 Salbeiblätter
8 Scheiben italienischer luftgetrockneter Schinken (Parma, San Daniele)
Olivenöl zum Beträufeln

Die Steaks zwischen zwei Schichten Backpapier etwa 5 mm dünn ausklopfen.

Mit Salz und Pfeffer würzen. Jedes Steak mit 2 Salbeiblättern belegen und mit je 2 Scheiben Schinken umwickeln.

Eine große Bratpfanne bei mittlerer bis starker Hitze erwärmen. Die umwickelten Steaks mit Öl beträufeln und in der Pfanne mit der Salbeiseite nach unten etwa 2 Minuten braten, dann wenden und auf der anderen Seite ebenfalls 2 Minuten braten, bis der Schinken knusprig goldbraun und das Fleisch gar ist.

Pilz-Risotto

Für 4 Portionen

20 g getrocknete Steinpilze
750 ml Geflügelfond
80 g Butter
500 g gemischte Pilze (z. B. weiße und braune Champignons), in dicken Scheiben
2 EL frischer Oregano, gehackt
2 EL Olivenöl
1 Zwiebel, in feinen Ringen
2 Knoblauchzehen, fein gehackt
300 g Risotto-Reis (Arborio)
125 ml trockener Weißwein
50 g frisch geriebener Parmesan
Meersalz und schwarzer Pfeffer aus der Mühle
Parmesanspäne zum Anrichten

Steinpilze in 250 ml warmem Wasser etwa 30 Minuten einweichen, dann die Flüssigkeit in eine Schüssel abgießen und beiseitestellen. Die Pilze in sehr feine Scheiben schneiden.

Die Einweichflüssigkeit mit Geflügelfond in einem Topf zum Köcheln bringen, dann auf niedrige Hitze reduzieren, um die Mischung warmzuhalten.

Die Hälfte der Butter in einem großen Topf mit dickem Boden bei mittlerer Hitze zerlassen. Champignons und Oregano darin goldbraun andünsten, dann in einer Schüssel beiseitestellen.

In den Topf Öl zugeben und bei mittlerer Hitze Zwiebel, Knoblauch und Steinpilze anschwitzen. Reis zugeben, im Öl wenden und 1 Minute mit andünsten, dann Wein zugießen und unter Rühren weitergaren. Wenn die Flüssigkeit fast aufgesogen ist, 75 ml von der Steinpilz-Fond-Mischung zugießen und unter ständigem Rühren vollständig einkochen lassen, dann weitere 75 ml zugeben und wieder einkochen lassen. 20–25 Minuten unter Rühren weitergaren und regelmäßig Fond zugießen, bis die Flüssigkeit aufgebraucht und der Reis bissfest ist.

Pilze, geriebenen Parmesan und die übrige Butter unterrühren und mit Salz und Pfeffer abschmecken.

Mit Parmesanspänen garniert und nach Belieben mit Pfeffer gewürzt servieren.

☞ Wenn keine getrockneten Steinpilze erhältlich sind, stattdessen die Geflügelfondmenge auf 1 Liter erhöhen.

Gebratene Hähnchenkeulen mit Ricotta-Füllung

Für 4 Portionen

200 g frische Ricotta
1 EL frischer Thymian
fein abgeriebene Schale von 2 Bio-Zitronen
$^1/_4$ TL Chiliflocken, zerstoßen
Meersalz und schwarzer Pfeffer aus der Mühle
4 Hähnchenkeulen
600 g kleine Kartoffeln, festkochend
4 große rote Zwiebeln, halbiert
Olivenöl zum Beträufeln

Backofen vorheizen (Umluft 200 °C/Gas Stufe 6).

Ricotta mit Thymian, Zitronenabrieb und Chiliflocken in einer kleinen Schüssel verrühren und mit Salz und Pfeffer würzen. Die Mischung in 4 gleich große Portionen teilen, das Fleisch einschneiden und die Mischung unter die Haut füllen.

Die gefüllten Hähnchenkeulen auf ein Backblech legen. Kartoffeln und Zwiebelhälften um das Fleisch verteilen, alles mit Öl beträufeln und mit Salz und Pfeffer würzen.

Im Backofen etwa 30–35 Minuten braten und dabei die Kartoffeln und Zwiebeln regelmäßig wenden, bis das Hähnchen gar ist, bräunt und Zwiebeln und Kartoffeln weich gegart sind.

Roastbeef mit Mini-Yorkshire-Puddings

Für 4 Portionen

3 Kartoffeln, vorwiegend festkochend, geviertelt
1 kg Roastbeef
Olivenöl zum Beträufeln
2 EL körniger Senf
1 EL Thymian, gehackt
1 EL Rosmarin, gehackt
Meersalz und schwarzer Pfeffer aus der Mühle
¼ Kürbis (z. B. Butternuss), 5 cm dick gewürfelt
4 kleine gelbe Zwiebeln

Für die Yorkshire-Puddings

120 g Mehl (Type 550)
½ TL Meersalz
250 ml Milch
1 Ei (Größe L)
3 EL Schweineschmalz, Öl oder Butter

Für die Bratensauce

2 EL Mehl (Type 550)
125 ml Rotwein
250 ml Rinderfond

Backofen vorheizen (Umluft 220 °C/Gas Stufe 7) und ein Bratgitter in ein tiefes Backblech oder eine Bratenform stellen.

Kartoffeln in einem Topf mit kaltem Wasser bedecken und zum Kochen bringen. Etwa 5 Minuten kochen, dann abgießen.

Fleisch mit Öl und Senf, Kräutern, Salz und Pfeffer einreiben, dann auf das Bratgitter legen. Kartoffeln, Kürbisstücke und Zwiebeln um das Fleisch verteilen und alles mit Öl beträufeln. Im Backofen 15 Minuten braten.

Für die Yorkshire-Puddings Mehl und Salz in eine Schüssel sieben und in der Mitte eine Vertiefung bilden. Milch und Ei leicht verquirlen und in die Vertiefung gießen, alles zu einer glatten Masse verrühren und beiseitestellen.

Backofentemperatur reduzieren (Umluft 180 °C/Gas Stufe 4) und das Fleisch mindestens 25 Minuten (medium) oder nach Belieben weitergaren. Fleisch und Gemüse auf einer Servierplatte anrichten, mit Alufolie bedecken und warmhalten. Die Bratflüssigkeit beiseitestellen.

Backofentemperatur auf 240 °C erhöhen (Umluft 240 °C/Gas Stufe 8–9). Schmalz oder Öl in vier Vertiefungen (à 180 ml) einer Muffinform füllen und im Backofen 5 Minuten erhitzen, bis das Fett gerade zu rauchen beginnt. Die Muffinform vorsichtig herausnehmen, die Puddingmasse rasch hineingießen und im Ofen etwa 15 Minuten backen, bis der Teig aufgeht und bräunt.

Für die Bratensauce die Bratflüssigkeit bei mittlerer Hitze erwärmen, Mehl zugeben und unter ständigem Rühren 30 Sekunden erhitzen, bis die Mischung bräunt. Wein und Fond zugießen und unter gelegentlichem Rühren weiterköcheln lassen, bis die Sauce eindickt. Rückstände, die sich auf dem Boden anlegen, mit einem Holzlöffel lösen. Bratensaft von der Servierplatte zugießen und alles durch ein feines Sieb in eine mit heißem Wasser vorgewärmte Sauciere gießen.

Fleisch in dicke Scheiben schneiden und mit Gemüse, Yorkshire-Puddings und Sauce servieren.

Sandwich mit eingelegten Zwiebeln

Für 4 Portionen

- 1 dunkles Baguette mit fester Kruste oder 4 Sauerteig-Brötchen, in dicken Scheiben
- 250 g Blauschimmelkäse
- 400 g Hartkäse (z. B. Cheddar)
- 1 fester roter Apfel, geviertelt
- 1 feste Birne, geviertelt
- 8 eingelegte Zwiebeln, hausgemacht (Rezept unten) oder aus dem Glas
- 125 g süßes Relish
- 125 g Senf-Relish

Für die eingelegten Zwiebeln

- 1 kg kleine Gemüsezwiebeln
- 3 EL Salz
- 1 l Weißweinessig
- 110 g Zucker
- 4 Lorbeerblätter
- 2 TL schwarzer Pfeffer ganz
- 2 TL Piment ganz
- 3 Nelken ganz
- 4 kleine getrocknete Chilischoten für den gewissen Schärfe-Kick (nach Belieben)

Für die eingelegten Zwiebeln die Zwiebeln schälen und in ein großes Gefäß oder einen Kübel legen. Salz mit 1 Liter Wasser in einer großen Schüssel verrühren, bis sich das Salz auflöst, dann die Zwiebeln damit übergießen. Mit Backpapier abdecken und bei Bedarf beschweren, damit die Zwiebeln vollständig mit Flüssigkeit bedeckt sind und nicht an der Oberfläche schwimmen. Zugedeckt bei Zimmertemperatur 24 Stunden stehen lassen.

Essig, Zucker, Lorbeer sowie Pfeffer, Piment, Nelken und nach Belieben Chili in einem Topf verrühren und bei niedriger Hitze sanft köcheln lassen, bis sich der Zucker auflöst. Dabei gelegentlich rühren. Beiseitestellen und vollständig auskühlen lassen.

Die Zwiebeln abgießen und mit kaltem Wasser abspülen.

4 Einmachgläser (750 ml Inhalt) mit heißem Wasser auskochen und die Zwiebeln darin verteilen. Mit Essiglake aufgießen und in den verschlossenen Einmachgläsern vor dem Gebrauch mindestens 3 Wochen ziehen lassen.

Eingelegte Zwiebeln, süßes und Senf-Relish in kleine Schüsselchen füllen. Brot, Käse sowie Apfel- und Birnenstücken auf einem großen Holzbrett anrichten. Sandwich nach Herzenslust zusammenstellen.

Schweinekoteletts mit Ahornsirup-Glasur und Bratapfelsauce

Für 4 Portionen

4 Schweinekoteletts (à 200 g)
2 EL Ahornsirup
2 EL Ganzkornsenf
1 EL Apfelessig
1 Knoblauchzehe, zerdrückt
Meersalz und schwarzer Pfeffer aus der Mühle

Für die Bratapfelsauce
3 Äpfel (z. B. Granny Smith)
20 g Butter
1 EL Apfelessig
2 TL Zucker

Backofen vorheizen (Umluft 200 °C/Gas Stufe 6).

Aus den Äpfeln mit einem Entkerner das Kerngehäuse entfernen. Die ganzen Äpfel auf einem Backblech im Ofen 25–30 Minuten weich braten, dann kurz abkühlen lassen.

Ahornsirup, Senf, Essig und Knoblauch in einer kleinen Schüssel verrühren und mit Salz und Pfeffer würzen.

Eine Grillpfanne auf mittlerer Stufe erwärmen. Die Koteletts mit der Ahornsirup-Glasur bestreichen und auf jeder Seite 3–4 Minuten oder länger grillen, bis sie gerade gar sind. Auf einer Platte beiseitestellen und zugedeckt 5 Minuten ziehen lassen.

Die leicht abgekühlten Äpfel schälen und grob hacken. In einem Topf bei niedriger Hitze Butter zerlassen, Äpfel, Essig und Zucker zugeben und unter gelegentlichem Rühren zu einer dickflüssigen Sauce einkochen lassen.

Die Koteletts mit der warmen Apfelsauce anrichten und gleich servieren.

Cannelloni mit Ricotta und Spinat

Für 6 Portionen

3 EL Olivenöl
1 Zwiebel, fein gehackt
2 Knoblauchzehen, fein gehackt
300 g Blattspinat, klein geschnitten
600 g Ricotta
100 g grob geriebener Parmesan
½ TL gemahlene Muskatnuss
fein abgeriebene Schale von 1 Bio-Zitrone
Meersalz und schwarzer Pfeffer aus der Mühle
12 frische Cannelloni-Nudelblätter
2 Kugeln Büffelmozzarella

Für die Tomatensauce

2 EL Olivenöl
1 kleine Zwiebel, fein gehackt
2 Knoblauchzehen, fein gehackt
750 ml passierte Tomaten
Meersalz und schwarzer Pfeffer aus der Mühle

Backofen vorheizen (Umluft 180 °C/Gas Stufe 4) und eine Auflaufform (etwa 30 × 20 x 4 cm) leicht einfetten.

Öl in einem großen Topf bei niedriger Hitze erwärmen. Zwiebel und Knoblauch darin glasig anschwitzen, dann Spinat zugeben und mitgaren, bis er zusammenfällt. Durch ein Sieb abgießen und überschüssige Flüssigkeit mit einem Löffel ausdrücken.

Die Spinatmischung mit Ricotta, 80 g Parmesan, Muskat und Zitronenschale in einer Schüssel verrühren und mit Salz und Pfeffer würzen.

Die Nudelblätter entsprechend der Packungsanleitung vorbereiten. Die weichen Blätter auf einer sauberen Arbeitsfläche auslegen und am Rand jedes Blattes 3 EL Spinatfüllung aufbringen, dann einrollen. Die gefüllten Röllchen in einer Schicht in die Auflaufform legen.

Für die Tomatensauce Öl in einem kleinen Topf bei niedriger Hitze erwärmen. Zwiebel und Knoblauch darin glasig anschwitzen und passierte Tomaten unterrühren. Mit Salz und Pfeffer abschmecken.

Die Cannelloni mit der Sauce übergießen. Mozzarella in kleine Stücke reißen und die Stücke über den Cannelloni verteilen. Mit dem übrigen Parmesan bestreuen und im Backofen 30 Minuten goldbraun überbacken, bis die Pasta weich ist. Auf Tellern anrichten und servieren.

Fettuccine Carbonara

Für 4 Portionen

500 g Fettuccine (getrocknet)
1 EL Olivenöl
150 g italienischer luftgetrockneter Schinken (Pancetta, Parma, San Daniele) in Scheiben, in etwa 1 cm breite Streifen geschnitten
125 g Sahne
60 g Parmesanspäne sowie Parmesan zum Anrichten
4 Eier (Größe L), leicht verquirlt
Salz und schwarzer Pfeffer aus der Mühle

Die Nudeln in einen großen Topf mit kochendem Salzwasser geben und 8–10 Minuten oder nach Packungsanleitung bissfest garen.

Inzwischen Öl in einer großen Bratpfanne erhitzen und den Schinken darin knusprig braten, dann vom Herd nehmen.

Nudeln abgießen und von der Garflüssigkeit etwa 2 EL beiseitestellen.

Die Bratpfanne mit Schinken zurück auf den Herd stellen, Sahne zugießen und alles leicht zum Köcheln bringen. Parmesan unterrühren, dann Nudeln und die übrige Garflüssigkeit zugeben und in der Sauce wenden. Verquirlte Eier untermengen, aber nicht zu lange erhitzen, da das Ei sonst stockt. Vom Herd nehmen und mit Salz abschmecken.

Mit Parmesanspänen und etwas Pfeffer anrichten und sofort servieren.

Kürbis-Gnocchi mit Salbeibutter

Für 4 Portionen

600 g Butternuss-Kürbis, geviertelt und Kerne entfernt, mit Schale
400 g Kartoffeln, vorwiegend festkochend, mit Schale
150 g Mehl (Type 550) sowie Mehl zum Bestäuben
Meersalz und weißer Pfeffer gemahlen
Parmesanspäne zum Garnieren

Für die braune Salbeibutter

150 g Butter
1 kleine Handvoll frischer Salbei

Backofen vorheizen (Umluft 180 °C/Gas Stufe 4).

Kürbisstücke auf ein Backblech legen und im Ofen etwa 45 Minuten braten, bis sie weich sind, aber noch nicht bräunen.

Inzwischen die Kartoffeln im Ganzen mit Schale 20–25 Minuten weich dämpfen. Noch heiß schälen und zerstampfen. Das Püree mit einem Löffel durch ein Sieb in eine große Schüssel pressen.

Ein Backblech mit sauberem Küchenpapier auslegen und leicht mit Mehl bestäuben.

Das weiche Kürbisfleisch von der Schale lösen, zur Kartoffelmasse geben und gut vermischen. Mehl untermengen und mit Salz und weißem Pfeffer würzen. Die Masse auf einer sauberen, leicht bemehlten Arbeitsfläche in 4 Portionen teilen und zu 2 cm dicken Rollen formen. Die Rollen in ca. 3 cm breite Scheiben schneiden und die Scheiben auf dem vorbereiteten Backblech verteilen.

Salzwasser in einem großen Topf zum Kochen bringen und die Gnocchi darin portionsweise je 3–4 Minuten garen. Sie sind fertig, wenn sie an die Oberfläche kommen. Mit einem Sieblöffel herausnehmen und beiseitestellen, während die übrigen Gnocchi garen.

Für die Salbeibutter eine große Bratpfanne bei mittlerer Hitze erwärmen und die Butter darin zerlassen. 3–5 Minuten erhitzen, bis sie schaumig ist und bräunt, dann Salbei zugeben und in der Butter wenden.

Gnocchi in der Pfanne mit Salbeibutter wenden. Mit Parmesanspänen garniert servieren.

Caesar Salad mit Hähnchen

Für 4 Portionen

80 g Butter
2 Knoblauchzehen, zerdrückt
3 Scheiben Schwarzbrot, etwa 2 cm dick gewürfelt
8 Scheiben italienischer luftgetrockneter Schinken (Parma, San Daniele)
2 Hähnchenbrustfilets ohne Haut
Olivenöl
Meersalz und schwarzer Pfeffer aus der Mühle
3 kleine Köpfe Romanasalat, Blätter zerpflückt und gewaschen
2 EL weißer Essig
4 Eier (Größe L)
40 g Parmesanspäne sowie Parmesan zum Anrichten
4 Sardellenfilets, in feine Streifen geschnitten

Für das Sardellendressing

2 Eigelb (Eier Größe L)
2 EL Weißweinessig
1 EL fein geriebener Parmesan
2 TL Worcestersauce
3 Sardellenfilets
1 TL Dijon-Senf
1 Knoblauchzehe, grob gehackt
250 ml Olivenöl
Meersalz und weißer Pfeffer gemahlen

Backofen vorheizen (Umluft 180 °C/Gas Stufe 4).

Butter in einem kleinen Topf zerlassen und in eine kleine Schüssel abgießen, sodass der weiße Rückstand im Topf zurückbleibt. Knoblauch unterrühren. Die Brotwürfel auf einem Backblech mit der Knoblauchbutter beträufeln und gut darin wenden. Im Backofen unter gelegentlichem Wende etwa 10 Minuten goldbraun rösten, herausnehmen und auf Küchenpapier abtropfen lassen.

Anschließend Schinken auf dem Backblech verteilen und 5–10 Minuten im Ofen knusprig goldbraun braten. In kleine Stücke brechen und ebenfalls auf Küchenpapier abtropfen lassen.

Für das Dressing alle Zutaten bis auf Öl, Salz und Pfeffer glatt mixen. Nach und nach Öl zugießen und alles zu einer dickflüssigen, geschmeidigen Masse verrühren. Mit Salz und weißem Pfeffer würzen.

Eine Grillpfanne bei starker Hitze erwärmen. Hähnchenbrust mit Öl beträufeln und mit Salz und Pfeffer würzen. Auf jeder Seite 4–5 Minuten grillen, bis das Fleisch gar ist und bräunt, dann zugedeckt etwa 5 Minuten ziehen lassen. Salat in eine große Salatschüssel geben. Hähnchenbrust in mundgerechte Stücke schneiden und zusammen mit den Parmesanspänen in die Schüssel geben.

Wasser in einem Topf sanft zum Köcheln bringen. Essig zugießen und mit dem Löffel so umrühren, dass ein kleiner Wirbel entsteht. Die Eier einzeln hineingleiten lassen und 2 Minuten oder nach Belieben pochieren, dann mit einem Sieblöffel herausnehmen und die Eier auf Küchenpapier abtropfen lassen.

Salat mit ausreichend Dressing vermischen und auf Servierteller verteilen. Mit Schinken, Croûtons und Parmesan bestreuen, mit pochiertem Ei und Sardellen belegen und mit schwarzem Pfeffer abschmecken. Sofort servieren.

SPEZIALITÄTEN
DES HAUSES

Hähnchen in Buttermilch-Panade mit Chili-Mayonnaise

Schweinerippchen chinesische Art

Kalbsschnitzel mit Gremolata-Panade

Paella mit Garnelen & Paprikawurst

Miesmuscheln mit Tomaten und Chili

Polenta mit Pilzen und Pesto

Kaninchen alla Cacciatore

Thai-Nudelsalat mit Rindfleisch

Gebratener Schweinebauch mit chinesischem Brokkoli

Marokkanische Lammhaxen mit Couscous, Datteln und Mandeln

Hähnchen Tikka Masala

Ossobuco

Salade Niçoise mit Makrelenfilets

Hähnchen in Buttermilch-Panade mit Chili-Mayonnaise

Für 4 Portionen

500 ml Buttermilch
½ Zwiebel, grob gerieben
2 TL getrockneter Oregano
1 TL edelsüßes Paprikapulver
1 Knoblauchzehe, zerdrückt
1,5 kg Hähnchenober- und -unterkeulen mit Haut
Öl zum Herausbacken
Limettenspalten zum Anrichten

Für die Gewürzpanade

300 g Mehl (Type 550)
1 EL edelsüßes Paprikapulver
2 TL Zwiebelpulver
2 TL Knoblauchpulver
2 TL Salz
½ TL Cayennepfeffer

Für die Chili-Mayonnaise

3 Eigelb (Eier Größe L)
1 TL Dijon-Senf
1 EL Limettensaft
375 ml Sonnenblumenöl
1 geräucherte Jalapeño-Chili in 2 TL Adobe-Sauce (Chili-Würzsauce), püriert
Meersalz

Buttermilch mit Zwiebel, Oregano, Paprikapulver und Knoblauch in einer Schüssel verrühren, die Hähnchenteile darin marinieren und mit Frischhaltefolie bedeckt über Nacht kühl stellen.

Die Hähnchenteile aus der Marinade nehmen und in einem Sieb abtropfen lassen. Die Buttermilchmischung durch das Sieb in eine Schüssel gießen.

Für die Panade alle Zutaten in einen verschließbaren Gefrierbeutel füllen, die Hähnchenteile portionsweise hineingeben und zum Panieren den Beutel schütteln. Anschließend das Fleisch durch die Buttermilchmischung ziehen und erneut panieren. Die fertig panierten Hähnchenteile auf ein Backgitter legen und die Panade 15 Minuten leicht antrocknen lassen.

Inzwischen für die Mayonnaise Eigelb mit Senf und Limettensaft verquirlen. Nach und nach das Öl zugießen und gleichmäßig zu einer dickflüssigen Masse verquirlen. Chilipüree unterrühren und die Mischung mit Salz würzen, dann in eine kleine Servierschüssel füllen und zugedeckt kühl stellen.

Eine Fritteuse oder eine Bratpfanne mit dickem Boden zu zwei Dritteln mit Öl füllen und auf 190 °C erhitzen. Zum Abtropfen ein sauberes Backgitter auf ein Backblech stellen. Die Hähnchenteile portionsweise je 8–10 Minuten knusprig goldbraun frittieren, bis an der dicksten Stelle beim Einstechen mit einem Spieß Saft austritt. Auf dem Backgitter abtropfen lassen.

Die Hähnchen mit Chili-Mayonnaise und Limettenspalten anrichten und noch warm servieren.

☞ Dieses Rezept benötigt etwas Vorbereitung am Vortag.

Schweinerippchen chinesische Art

Für 4 Portionen

1,5 kg magere Schweinerippchen (vom Metzger längs halbieren und in 5 cm breite Stücke teilen lassen)
Gedämpfter Reis zum Anrichten
2 Frühlingszwiebeln, in 8 cm langen Stücken und längs in Streifen geschnitten, zum Garnieren

Für die Marinade

125 ml Hoisin-Sauce
3 EL helle Sojasauce
3 EL chinesischer Reiswein (Shaoxing)
3 EL Tomatenketchup
2 EL Honig
4 Knoblauchzehen, zerdrückt
3 cm frischer Ingwer, geschält und fein gerieben

Für die Marinade alle Zutaten in einem kleinen Topf zum Köcheln bringen, anschließend zum Abkühlen beiseitestellen.

Die Rippchen in einem großen Topf mit Wasser bedecken und das Wasser zum Kochen bringen. Hitze reduzieren und 15 Minuten weiterköcheln lassen, dann das Fleisch abgießen und leicht abkühlen lassen.

Die Rippchen in eine große Schüssel geben. Mit der Marinade übergießen und gut vermischen, dann zugedeckt mindestens 4 Stunden oder über Nacht kühl stellen.

Backofen vorheizen (Umluft 180 °C/Gas Stufe 4) und ein Backblech mit Alufolie auslegen. Ein Backgitter daraufstellen.

Das Fleisch aus der Marinade nehmen und die Marinade beiseitestellen. Die Rippchen auf dem Backgitter verteilen und im Ofen 40–50 Minuten goldbraun braten. Dabei alle 10 Minuten mit Marinade bestreichen.

Mit gedämpftem Reis anrichten und mit Frühlingszwiebelstreifen garnieren.

Kalbsschnitzel mit Gremolata-Panade

Für 4 Portionen

4 Kalbsrückensteaks (à 120 g)
3 EL Mehl (Type 550)
Meersalz und schwarzer Pfeffer aus der Mühle
2 Eier (Größe L), leicht verquirlt
40 g Butter
2 EL Olivenöl
Zitronenspalten zum Anrichten

Für die Gremolata-Panade

1 Laib Weißbrot vom Vortag, Kruste entfernt und grob in Stücke geschnitten
1 große Handvoll glatte Petersilie, gehackt
3 EL fein geriebener Parmesan
fein abgeriebene Schale von 2 Bio-Zitronen
4 Sardellenfilets, fein gehackt

Die Steaks zwischen zwei Schichten Backpapier etwa 5 mm dünn ausklopfen.

Backofen vorheizen (Umluft 120 °C/Gas Stufe ¼–½) und ein Backblech mit Küchenpapier auslegen.

Für die Panade die Brotstücke auf einem weiteren Backblech verteilen und im Ofen 15–20 Minuten rösten. Anschließend portionsweise in einer Küchenmaschine grob hacken. 2 Tassen Brössel in einer großen Schüssel mit Petersilie, Parmesan, Zitronenabrieb und gehackten Sardellenfilets verrühren und beiseitestellen. Die übrigen Brösel können luftdicht verschlossen bis zu 1 Woche aufbewahrt werden.

Die Backofentemperatur erhöhen (Umluft 170 °C/Gas Stufe 3).

Zum Panieren die Steaks zunächst in einer Mischung aus Mehl, Salz und Pfeffer, dann in Ei und zuletzt in der Gremolata-Panade wenden. Die Panade sanft festdrücken.

Die Hälfte der Butter mit der Hälfte vom Olivenöl in einer großen Bratpfanne bei starker Hitze zerlassen. Je 1–2 Schnitzel gleichzeitig auf jeder Seite etwa 2 Minuten (je nach Größe etwas länger) goldbraun braten, dann zum Abtropfen auf das vorbereitete Backblech legen. Im Ofen warmhalten und die übrigen Schnitzel im restlichen Fett braten.

Mit Zitronenspalten garniert servieren.

Paella mit Garnelen & Paprikawurst

Für 4 Portionen

1 l Geflügelfond
Einige Safranfäden
3 EL Olivenöl
2 spanische Paprikawürste (Chorizo) oder andere würzige Rauchwürste, in Scheiben geschnitten
1 Zwiebel, gewürfelt
3 Knoblauchzehen, fein gehackt
2 Dosen Tomaten ganz (à 400 g), abgegossen
1 rote Paprikaschote, in Ringen
2 TL geräuchertes Paprikapulver
400 g Mittelkornreis (z. B. Calasparra, Bomba oder Arborio)
Meersalz und schwarzer Pfeffer aus der Mühle
400 g Garnelen (roh), geschält, mit Schwänzen
125 g Erbsen (tiefgefroren)
1 kleine Handvoll glatte Petersilie, gehackt
Zitronenspalten zum Anrichten

Fond in einen Topf füllen, Safranfäden zugeben und alles zum Kochen bringen. Vom Herd nehmen und Safran 5 Minuten im heißen Fond ziehen lassen.

1 EL Öl in einer Paella-Pfanne oder einer anderen flachen Bratpfanne bei mittlerer Hitze erwärmen. Chorizo darin goldbraun braten, dann in einer Schüssel beiseitestellen.

Auf niedrige Hitze reduzieren, das übrige Öl in die Pfanne zugeben und Zwiebel und Knoblauch darin glasig anschwitzen. Abgegossene Tomaten, Paprika und Paprikapulver zugeben und alles zusammen garen, bis die Flüssigkeit verdampft ist. Chorizo wieder zugeben, Reis unterrühren und mit dem Safranfond aufkochen. Mit Salz und Pfeffer abschmecken, die Hitze reduzieren und zugedeckt ohne Umrühren etwa 15 Minuten weiterköcheln lassen.

Auf die Reismischung in der Pfanne die Garnelen legen, Erbsen darauf verteilen und zugedeckt weitere 5–10 Minuten garen, bis der Reis weichgegart, die Flüssigkeit aufgesogen ist und die Garnelen gar sind. Vom Herd nehmen und weitere 5 Minuten ziehen lassen.

Mit Petersilie bestreuen und mit Zitronenspalten anrichten.

Miesmuscheln mit Tomaten und Chili

Für 4 Portionen

- **1,5 kg Miesmuscheln, gut gereinigt und entbartet**
- **2 EL Olivenöl**
- **1 Zwiebel, gewürfelt**
- **2 Knoblauchzehen, fein gehackt**
- **1 rote Chilischote, Samen entfernt, die Schote in dünne Ringe geschnitten**
- **2 kleine Birdeye- oder Malagueta-Chilischoten, Samen entfernt und in dünne Ringe geschnitten**
- **1 EL Tomatenmark**
- **5 Tomaten, gewürfelt**
- **125 ml trockener Weißwein**
- **fein abgeriebene Schale und Saft von 1 Bio-Zitrone**
- **1 kleine Handvoll glatte Petersilie, gehackt**
- **Frisches Weißbrot zum Anrichten**

Beschädigte Muscheln entfernen. Geöffnete Muscheln leicht an eine Oberfläche schlagen: Wenn sie sich daraufhin schließen, sind sie lebendig und noch verwendbar. Muscheln, die sich nicht schließen, entfernen.

Öl in einem großen Topf bei mittlerer Hitze erwärmen. Zwiebel, Knoblauch und Chilischoten darin weich dünsten, Tomatenmark und Tomatenwürfel zugeben und alles gut vermischen. Auf starke Hitze erhöhen, dann Muscheln, Weißwein, Zitronenabrieb und -saft zugeben und zugedeckt 4–6 Minuten garen, bis die Muscheln sich öffnen. Dabei zum Vermischen die Pfanne schwenken. Muscheln, die sich beim Garen nicht öffnen, entfernen.

Die Petersilie untermengen. Servieren und frisches Weißbrot dazu reichen.

Polenta mit Pilzen und Pesto

Für 4 Portionen

Für das Basilikumpesto

3 EL Pinienkerne, leicht geröstet
3 EL grob geriebener Parmesan
2 Knoblauchzehen, grob gehackt
2 große Handvoll frisches Basilikum
60 ml natives Olivenöl extra

Für die Polenta

750 ml Geflügelfond
250 ml Milch
200 g Instant-Polenta (Maisgrieß)
80 g fein geriebener Parmesan
125 g Mascarpone
20 g Butter, gewürfelt
Meersalz und schwarzer Pfeffer aus der Mühle

Für die Pilze

40 g Butter
4 Schalotten, in dünnen Ringen
2 Knoblauchzehen, in feinen Scheiben
600 g frische gemischte Pilze (z. B. weiße und braune Champignons, Wiesenchampignons, Austernpilze oder Matsutake), in dicken Scheiben
Saft von ½ Zitrone
Meersalz und schwarzer Pfeffer aus der Mühle

Für das Pesto Pinienkerne mit Parmesan und Knoblauch in einer Küchenmaschine zu einer groben Paste pürieren. Basilikum und die Hälfte des Öls zugeben und gut vermischen, dann nach und nach das übrige Öl zufügen und glatt rühren. In einer kleinen Schüssel beiseitestellen.

Für die Polenta Fond und Milch in einem Topf mit dickem Boden bei mittlerer Hitze zum Köcheln bringen. Nach und nach Maisgrieß zugeben und gut verrühren. Auf niedrige Hitze reduzieren und unter Rühren mit einem Holzlöffel 10–15 Minuten garen, bis die Masse glatt ist und sich vom Topfrand löst. Vom Herd nehmen, Parmesan, Mascarpone und Butter einrühren und mit Salz und Pfeffer abschmecken.

Inzwischen für die Pilze Butter in einer großen Bratpfanne bei niedriger Hitze zerlassen. Schalotten und Knoblauch darin glasig anschwitzen, Pilze zugeben und 3–4 Minuten mitgaren, bis sie weich sind und bräunen. Zitronensaft unterrühren und mit Salz und Pfeffer würzen.

Je eine Portion Polenta mit Pilzmischung bedecken und mit einem Löffel Basilikumpesto servieren.

Kaninchen alla Cacciatore

Für 4 Portionen

3 EL Olivenöl
1,2 kg Kaninchenfleisch (vom Metzger zerteilen lassen)
2 Zwiebeln, in Ringen
1 Karotte, gewürfelt
1 Stange Sellerie, gewürfelt
3 Knoblauchzehen, fein gehackt
125 g Champignons, in Scheiben
125 ml trockener Weißwein
125 ml Geflügelfond
2 Dosen Tomaten ganz (à 400 g)
1 Zweig Rosmarin
1 Lorbeerblatt
150 g Kalamata-Oliven ohne Kern
Meersalz und schwarzer Pfeffer aus der Mühle
Gehackte glatte Petersilie zum Anrichten

Öl in einer großen Bratpfanne mit dickem Boden bei mittlerer bis starker Hitze erwärmen und das Fleisch portionsweise auf jeder Seite 2–3 Minuten braun anbraten. Dann auf einem Teller beiseitestellen.

Auf niedrige Hitze reduzieren und in der gleichen Pfanne Zwiebeln, Karotte, Sellerie und Knoblauch weich dünsten. Pilze zufügen und mitgaren, bis sie bräunen, dann das Fleisch zugeben. Wein und Fond zugießen und alles zum Kochen bringen. Tomaten mit Saft zugeben und die Tomaten mit dem Kochlöffel zerkleinern. Rosmarin und Lorbeer unterrühren, dann zudecken und 30 Minuten sanft köcheln lassen. Oliven zugeben und weitere 20–30 Minuten köcheln lassen, bis das Fleisch zart ist und sich leicht vom Knochen löst. Vor dem Servieren mit Salz und Pfeffer abschmecken.

Mit Petersilie bestreut servieren.

Thai-Nudelsalat mit Rindfleisch

Für 4 Portionen

- 100 g chinesische Glasnudeln
- 2 EL Erdnussöl oder neutrales Pflanzenöl
- 2 TL rote Currypaste
- 500 g Rinderfilet
- 2 kleine Salatgurken, längs halbiert und quer in dünne Scheiben geschnitten
- 250 g Kirschtomaten, halbiert
- 1 rote Paprikaschote, längs in dünne Streifen geschnitten
- ½ rote Zwiebel, in dünnen Ringen
- 2 große Handvoll Mungbohnensprossen
- 1 kleine Handvoll frische Minze
- 1 kleine Handvoll Koriandergrün
- 1 kleine Handvoll Thai-Basilikum
- 1 rote Chilischote, Samen entfernt und in dünnen Ringen
- 2 EL Erdnüsse, geröstet und gehackt

Für das Dressing

- 2 EL Limettensaft
- 1½ EL asiatische Fischsauce
- 1 EL Palmzucker oder brauner Zucker
- 2 TL Sesamöl
- 1 Knoblauchzehe, zerdrückt

Glasnudeln in eine hitzebeständige Schüssel füllen, mit kochendem Wasser übergießen und 5 Minuten einweichen. Dann abgießen.

Öl in einer Bratpfanne bei mittlerer Hitze erwärmen.

Das Fleisch gleichmäßig mit Currypaste einreiben und 8–10 Minuten (medium) oder nach Belieben auf allen Seiten scharf anbraten, bis es gleichmäßig bräunt. Auf einem Teller oder einer Servierplatte zugedeckt 5 Minuten ziehen lassen.

Inzwischen für das Dressing alle Zutaten in einer Schüssel ordentlich verrühren.

Die Nudeln mit Gurken, Tomaten, Paprika, Zwiebel, Bohnensprossen, Chilischote und Kräutern in einer großen Salatschüssel vermischen. Das Fleisch in dünne Scheiben schneiden und auf dem Salat anrichten, mit Dressing übergießen und alles vermischen.

Mit gehackten Erdnüssen bestreut servieren.

Gebratener Schweinebauch mit chinesischem Brokkoli

Für 4 Portionen

1,2 kg Schweinebauch
2 TL Meersalz
1 TL chinesisches Fünf-Gewürze-Pulver
375 ml Geflügelfond
3 EL dunkle Sojasauce
2 EL chinesischer Reiswein (Shaoxing)
1 EL brauner Zucker
1 Zeste von einer Bio-Orange
½ Zimtstange
1 Stück Sternanis
1 TL Szechuan-Pfeffer ganz
Gedämpfter Jasminreis zum Anrichten

Für das chinesische Brokkoligemüse

2 EL Geflügelfond
1 EL Ketjap manis (süße Sojasauce)
1 TL Speisestärke
1 EL Öl
1 Knoblauchzehe, in feinen Scheiben
2,5 cm frischer Ingwer, geschält und fein geschnitten
2 Köpfe chinesischer Brokkoli (Kai-lan), geputzt und halbiert

Das Fleisch auf der Hautseite im Abstand von 2,5 cm einschneiden. Salz und Fünf-Gewürze-Pulver vermischen und das Fleisch damit einreiben. Anschließend 1 Stunde kühl stellen.

Den Backofen vorheizen (Umluft 160 °C/Gas Stufe 2–3).

Das Fleisch mit der Hautseite nach oben in eine Bratenform legen. 375 ml Fond mit den übrigen Zutaten verrühren und in die Form zugießen. Mit Alufolie abdecken und im Ofen etwa 1½ Stunden garen.

Die Alufolie abnehmen, die Backofentemperatur erhöhen (Umluft 200 °C/Gas Stufe 6) und das Fleisch weitere 30 Minuten garen, bis die Haut knusprig und das Fleisch zart ist. Ist die Haut noch weich, in der Form kurz bei starker Hitze im Backofen grillen und dabei gut beobachten, damit es nicht verbrennt. Anschließend herausnehmen und 10 Minuten ziehen lassen.

Inzwischen für das Brokkoligemüse 2 EL Fond mit Ketjap manis und Speisestärke in einer kleinen Schüssel verrühren.

Einen Wok bei starker Stufe erhitzen, Öl zugießen und im Wok verteilen. Knoblauch und Ingwer etwa 10 Sekunden anbraten, bis sich das Aroma entfaltet, dann Kai-lan zugeben und 1–2 Minuten pfannenbraten, bis er zusammenfällt. Fondmischung zugießen und 1 weitere Minute garen, dann gut umrühren.

Das Fleisch aus der Garflüssigkeit nehmen und in dicke Scheiben schneiden. Mit Brokkoligemüse und gedämpftem Jasminreis anrichten.

Marokkanische Lammhaxen mit Couscous, Datteln und Mandeln

Für 4 Portionen

3 EL Olivenöl
4 große Lammhaxen, Fett und Sehnen vom Knochen entfernt
50 g Mehl (Type 550)
Meersalz und schwarzer Pfeffer aus der Mühle
2 große Zwiebeln, in dünnen Ringen
1½ TL gemahlener Ingwer
1½ TL gemahlener Zimt
1 TL gemahlener Kreuzkümmel
1 l Geflügelfond

Für das Couscous

400 g Instant-Couscous
20 g Butter
2 EL Öl
80 g blanchierte Mandeln
200 g Datteln, entkernt und in Scheiben geschnitten
1 kleine Handvoll Koriandergrün, gehackt, sowie einige ganze Blätter zum Anrichten
Meersalz

Den Backofen vorheizen (Umluft 170 °C/Gas Stufe 3).

2 EL Öl in einem ofenfesten Schmortopf mit dickem Boden bei mittlerer Hitze erwärmen. Das Mehl mit Salz und Pfeffer würzen und das Fleisch darin wenden. Im Topf kurz braten, bis es gleichmäßig bräunt, dann herausnehmen und beiseitestellen.

Auf niedrige Hitze reduzieren, das übrige Öl in den Topf geben und die Zwiebeln darin glasig anschwitzen. Gewürze zugeben und etwa 30 Sekunden garen, bis sie ihr Aroma entfalten. Das Fleisch zurück in den Topf geben, mit Fond übergießen und im Ofen zugedeckt etwa 2 Stunden schmoren, bis das Fleisch zart ist und sich leicht vom Knochen löst.

Für das Couscous das Getreide in einer hitzebeständigen Schüssel mit 500 ml kochendem Wasser übergießen und die Butter untermengen. Mit Frischhaltefolie zudecken und 10 Minuten einweichen.

Öl in einer kleinen Bratpfanne bei mittlerer Hitze erwärmen. Blanchierte Mandeln darin 2–3 Minuten goldbraun rösten und auf Küchenpapier abtropfen lassen.

Das Couscous mit einer Gabel lockern, dann Mandeln, Datteln und gehacktes Koriandergrün unterrühren. Mit Salz würzen.

Die Lammhaxen auf dem Couscous-Bett anrichten, mit etwas Sauce übergießen und mit Korianderblättern garniert servieren.

Hähnchen Tikka Masala

Für 4 Portionen

4 Hähnchenbrustfilets ohne Haut, in 2,5 cm breite Streifen geschnitten
Gedämpfter Basmatireis zum Anrichten
Naan-Fladenbrot zum Anrichten

Für die Marinade

125 g Naturjoghurt
3 cm frischer Ingwer, geschält und fein gerieben
2 Knoblauchzehen, zerdrückt
2 TL gemahlener Kreuzkümmel
1 TL gemahlener Zimt
1 TL schwarzer Pfeffer aus der Mühle
½ TL Chilipulver
½ TL edelsüßes Paprikapulver

Für die Sauce

2 EL Ghee (geklärte Butter) oder Öl
1 Zwiebel, in dünnen Ringen
2 Knoblauchzehen, fein gehackt
1 rote Chilischote, Samen entfernt und fein gehackt
2 TL gemahlener Kreuzkümmel
2 TL edelsüßes Paprikapulver
1 Dose gehackte Tomaten (400 g)
125 g Naturjoghurt
125 g Sahne
1 große Handvoll Koriandergrün, gehackt

Für die Marinade alle Zutaten in einer Schüssel verrühren. Hähnchenstücke hineinlegen, in der Marinade wenden und über Nacht zugedeckt kühl stellen.

Für die Sauce Ghee in einer großen Bratpfanne bei mittlerer Hitze erwärmen. Zwiebel, Knoblauch, Chilischote sowie Kreuzkümmel und Paprikapulver zugeben und andünsten, bis die Zwiebel glasig ist und die Gewürze ihr Aroma entfalten. Hähnchenstücke mitsamt der Marinade zugeben und alles gut vermischen, dann gehackte Tomaten und Joghurt zufügen und alles zusammen etwa 10 Minuten sanft köcheln lassen. Sahne zugießen und weitere 5 Minuten köcheln lassen, bis die Sauce eindickt und das Fleisch gar ist. Zum Schluss Koriandergrün unterrühren.

Mit gedämpftem Reis anrichten und Fladenbrot dazu reichen.

☞ Dieses Rezept benötigt etwas Vorbereitung am Vortag.

Ossobuco

Für 4 Portionen

3 EL Olivenöl
2 kg Kalbshaxenscheiben
50 g Mehl (Type 550)
Meersalz und schwarzer Pfeffer aus der Mühle
1 große Zwiebel, gewürfelt
2 Stangen Sellerie, gewürfelt
1 große Karotte, gewürfelt
2 Knoblauchzehen, fein gehackt
500 ml trockener Weißwein
250 ml Geflügelfond
2 reife Rispentomaten, grob gehackt
3 Zweige Zitronenthymian
2 Lorbeerblätter
Zesten von 1 Bio-Zitrone, zum Anrichten
2 EL gehackte glatte Petersilie, zum Anrichten

Den Backofen vorheizen (Umluft 160 °C/Gas Stufe 2–3).

2 EL Öl in einem ofenfesten Topf oder einem Schmortopf bei mittlerer bis starker Hitze erwärmen.

Mehl mit Salz und Pfeffer würzen und die Fleischstücke darin wenden, dann auf jeder Seite 2–3 Minuten braun anbraten. Auf einem Teller beiseitestellen.

Auf niedrige Hitze reduzieren und das übrige Öl in den Schmortopf zugeben. Zwiebel, Sellerie, Karotte und Knoblauch darin goldbraun andünsten, dann das Fleisch zurück in die Pfanne geben. Wein und Fond zugießen und alles zum Kochen bringen. Gehackte Tomaten, Thymian und Lorbeer zufügen und im Ofen zugedeckt 1½–2 Stunden schmoren, bis das Fleisch zart ist und sich leicht vom Knochen löst. Aus dem Ofen nehmen und überschüssiges Fett abschöpfen.

Mit Zitronenstreifen und Petersilie garniert servieren.

Salade Niçoise mit Makrelenfilets

Für 4 Portionen

4 Makrelenfilets (à 150 g)
1 kleine Handvoll glatte Petersilie, fein gehackt
2 EL Kapern, abgegossen, abgespült und fein gehackt
2 EL Olivenöl
2 Sardellenfilets, fein gehackt
schwarzer Pfeffer aus der Mühle
Zitronenspalten zum Anrichten

Für den Salat

8 Frühkartoffeln
4 Eier (Größe L)
200 g grüne Bohnen
150 g Kirschtomaten von der Rispe, halbiert
3 EL Nizza- oder Cailletier-Oliven (kleine schwarze Oliven)
2 EL Weißweinessig
1 EL Zitronensaft
1 Eigelb (Ei Größe L)
1 Knoblauchzehe, zerdrückt
1 TL Dijon-Senf
125 ml natives Olivenöl extra
Meersalz und schwarzer Pfeffer aus der Mühle

Für die Makrelen Petersilie, Kapern, Öl und gehackte Sardellenfilets in einer großen Schüssel vermischen. Makrelenfilets zugeben und in der Mischung wenden, dann mit Pfeffer würzen. Den Fisch in der Gewürzmischung zugedeckt 1 Stunde kühl stellen.

Inzwischen für den Salat Kartoffeln in einem kleinen Topf mit kochendem Salzwasser 8–10 Minuten weich garen. Abgießen und zum Abkühlen kurz beiseitestellen, dann in dicke Scheiben schneiden. Eier in einem kleinen Topf mit kaltem Wasser bedecken, bei mittlerer Hitze zum Kochen bringen und 4 Minuten garen. Abgießen und kalt abschrecken, dann schälen und längs vierteln. Einen weiteren Topf mit Wasser zum Kochen bringen und die Bohnen darin 1 Minute blanchieren, abgießen und mit kaltem Wasser abspülen.

Kartoffelscheiben, Bohnen sowie Tomatenhälften und Oliven in einer großen Salatschüssel vermischen.

Für das Dressing Essig mit Zitronensaft, Eigelb, Knoblauch und Senf in der Küchenmaschine mixen. Nach und nach gleichmäßig Öl zugießen und alles zu einer cremig-dickflüssigen Masse verquirlen. In einer kleinen Schüssel mit Salz und Pfeffer würzen.

Die Makrelenfilets in einer Grillpfanne bei mittlerer Hitze auf jeder Seite 2–3 Minuten oder nach Belieben länger grillen.

Zum Servieren den Salat und die Eier auf 4 Teller verteilen, mit Dressing beträufeln, mit je 1 Fischfilet belegen und mit Zitronenspalten garnieren.

SALATE & BEILAGEN

Pommes zweimal frittiert

Kartoffelpüree mit Ofenknoblauch

Gebackene Polentachips

Rosenkohl mit Speck und gerösteten Walnüssen

Sautierte Champignons mit Knoblauch und Schnittlauch

Fattoush

Ofenspargel mit Zitrone und Parmesan

Gedünstete Babykarotten mit Dill

Spinatsalat mit dicken Bohnen, Speck und Feta

Griechischer Salat

Rot-weisser Krautsalat

Rote-Bete-Salat mit Orange

Kartoffelsalat mit Ei

Makkaroni mit vier Käsesorten

Zwiebelringe

Pommes zweimal frittiert

Für 4 Portionen

1 kg große Kartoffeln, vorwiegend festkochend
Öl zum Frittieren
Meersalz

Kartoffeln schälen und mit kaltem Wasser abspülen. In etwa 1,5 cm dicke Streifen schneiden und in einer großen Schüssel mit kaltem Wasser bedecken. Etwa 30 Minuten einweichen, damit sich die Stärke löst.

Die Kartoffelstreifen abgießen, auf saubere Küchentücher legen und trocken tupfen.

Eine Fritteuse oder einen großen Topf mit dickem Boden zu zwei Dritteln mit Öl füllen und auf 150 °C erhitzen.

Die Pommes portionsweise je 5 Minuten frittieren, dann mit einem Sieblöffel herausnehmen und auf Küchenpapier abtropfen lassen.

Das Öl in der Fritteuse oder im Topf auf 190 °C erhitzen.

Die Pommes frites portionsweise je 5 Minuten fertig frittieren und dabei darauf achten, dass die Öltemperatur nicht zu stark sinkt – die Pommes saugen sonst Fett auf. Sie sollen knusprig und goldbraun, aber innen noch weich sein. Mit einem Sieblöffel herausnehmen und auf Küchenpapier abtropfen lassen. Vor dem Servieren mit Salz würzen.

Kartoffelpüree mit Ofenknoblauch

Für 4 Portionen

1 Knolle Knoblauch
Olivenöl zum Beträufeln
1 kg Kartoffeln, mehligkochend
125 g Sahne
100 g Butter
Meersalz und weißer Pfeffer gemahlen

Backofen vorheizen (Umluft 180 °C/Gas Stufe 4).

Die Knoblauchknolle im Ganzen auf ein Backblech legen und mit Öl beträufeln, dann im Backofen 30–40 Minuten sehr weich braten. Kurz abkühlen lassen.

Kartoffeln schälen, halbieren und in einen großen Topf mit kaltem Salzwasser geben. Zugedeckt bei starker Hitze zum Kochen bringen, dann den Deckel abnehmen und etwa 15 Minuten weich kochen. Abgießen, zurück in den Topf geben und zu Püree zerstampfen. Für besonders feines Püree die Masse anschließend mit einem Löffel durch ein Sieb drücken.

Sahne und Butter in einem kleinen Topf bei mittlerer Hitze erwärmen, bis die Butter schmilzt und die Sahne heiß ist. Die Kartoffelmasse mit der Sahnemischung übergießen und mit einem Schneebesen gut verrühren.

Von der gebratenen Knoblauchzehe das untere Ende abschneiden und die weichgegarten Zehen aus den Häuten drücken. Die Zehen zum Püree geben und mit dem Schneebesen gut verrühren. Vor dem Servieren mit Salz und weißem Pfeffer abschmecken.

Gebackene Polentachips

Für 4 Portionen

375 ml Geflügelfond
250 ml Milch
150 g Instant-Polenta (Maisgrieß)
40 g fein geriebener Parmesan
20 g Butter, gewürfelt
Meersalz und schwarzer Pfeffer aus der Mühle
Öl zum Frittieren
1 Ei (Größe L)
2 EL Milch
50 g Mehl (Type 550)
160 g Semmelbrösel (am besten frisch)

Ein Backblech oder eine Backform (ca. 28 × 20 cm) leicht einfetten und mit Backpapier auslegen.

Fond und Milch in einem Topf mit dickem Boden verrühren und bei mittlerer Hitze zum Köcheln bringen. Nach und nach unter ständigem Rühren Polentagrieß zugeben und glatt rühren. Auf niedrige Hitze reduzieren und unter gelegentlichem Rühren 10–15 Minuten weitergaren, bis eine glatte Masse entsteht, die sich leicht vom Topfrand löst. Vom Herd nehmen, Parmesan und Butter untermengen und mit Salz und Pfeffer abschmecken.

Polenta auf dem vorbereiteten Backblech verteilen und gleichmäßig dick glattstreichen. Mit einer Schicht Backpapier bedecken und etwa 15 Minuten abkühlen lassen, dann mindestens 2 Stunden oder über Nacht kühl stellen und fest werden lassen.

Eine Fritteuse oder einen tiefen Topf mit dickem Boden zu zwei Dritteln mit Öl füllen und auf 190 °C erhitzen.

Polenta in etwa 1,5 cm dicke Streifen schneiden. Ei mit Milch in einer Schüssel verquirlen. Mehl und Semmelbrösel jeweils in eine flache Schüssel füllen. Die Polentastreifen erst in Mehl, dann in Ei und schließlich in Semmelbröseln wenden. Die Panade sanft festdrücken.

Die panierten Polentachips portionsweise 2–3 Minuten knusprig goldgelb frittieren. Mit einem Sieblöffel herausnehmen und auf Küchenpapier abtropfen lassen. Mit Salz gewürzt servieren.

Rosenkohl mit Speck und gerösteten Walnüssen

Für 4 Portionen

400 g Rosenkohl
1 EL Olivenöl
100 g Pancetta oder anderer durchwachsener Speck, in dünnen Scheiben und in 1,5 cm breite Streifen geschnitten
1 Zwiebel, in Ringen
4 Knoblauchzehen, in dünnen Scheiben
75 ml Geflügelfond
Saft von 1/2 Zitrone
1 EL Butter
60 g Walnusshälften

Backofen vorheizen (Umluft 180 °C/Gas Stufe 4).

Vom Rosenkohl besonders dunkle äußere Blätter entfernen und die unteren Enden abschneiden.

In einem Topf mit dickem Boden bei mittlerer Hitze Öl erwärmen und den Speck darin 2–3 Minuten goldbraun braten. Zwiebel und Knoblauch darin weich dünsten, dann Rosenkohl zugeben und alles vermengen. Fond und Zitronensaft zugießen, Butter zufügen und alles sanft zum Köcheln bringen. Zugedeckt bei niedriger Hitze etwa 10 Minuten garen.

Inzwischen die Walnüsse auf einem Backblech verteilen und im Ofen 5–8 Minuten goldbraun rösten.

Vom Topf den Deckel abnehmen und den Rosenkohl noch 10 Minuten weiterköcheln lassen, bis er weich bis bissfest und die Flüssigkeit fast vollständig verdampft ist. Geröstete Walnüsse unterrühren und das Gemüse warm servieren.

Sautierte Champignons mit Knoblauch und Schnittlauch

Für 4 Portionen

500 g Champignons, die Stiele geputzt oder entfernt
2 EL Olivenöl
4 Knoblauchzehen, in feinen Scheiben
1 EL Rotweinessig
1 EL Butter
½ Bund Schnittlauch, in Röllchen
Meersalz und schwarzer Pfeffer aus der Mühle

Champignons mit feuchtem Küchenpapier sauber wischen.

Öl in einer großen Bratpfanne bei niedriger Hitze erwärmen. Knoblauch darin glasig anschwitzen, Pilze zugeben und 5 Minuten goldbraun garen. Essig zugießen und alles mit Butter verrühren, sodass die Pilze gleichmäßig mit Butter bedeckt sind. Zum Schluss Schnittlauch untermengen und zum Servieren mit Salz und Pfeffer abschmecken.

Fattoush

Für 4 Portionen

2 Rispentomaten, gewürfelt
2 kleine Salatgurken gewürfelt
½ rote Paprikaschote, gewürfelt
½ grüne Paprikaschote, gewürfelt
4 kleine Radieschen, in dünne Spalten geschnitten
4 Frühlingszwiebeln, in Spalten
1 große Handvoll glatte Petersilie, grob gehackt
1 große Handvoll frische Minze, grob gehackt
1 großes Pitabrot
Olivenöl zum Bestreichen
½ TL Gewürzsumach (leicht säuerliches Gewürz aus der arabischen Küche)

Für das Zitrone-Sumach-Dressing

2 EL Zitronensaft
2 TL Gewürzsumach
1 Knoblauchzehe, zerdrückt
75 ml natives Olivenöl extra
Meersalz und schwarzer Pfeffer aus der Mühle

Tomaten, Gurken, rote und grüne Paprika sowie Radieschen, Frühlingszwiebeln, Petersilie und Minze in einer Salatschüssel vermischen.

Eine große Bratpfanne bei mittlerer Hitze erwärmen. Pitabrot mit etwas Öl bestreichen und mit Gewürzsumach bestreuen. Das Brot auf jeder Seite etwa 1 Minute braten, bis es knusprig goldbraun ist, und in kleine Stücke brechen.

Für das Dressing Zitronensaft, Sumach und Knoblauch in einer kleinen Schüssel vermischen. Nach und nach Öl zugießen und gut verquirlen, dann mit Salz und Pfeffer würzen.

Salat mit Dressing und gerösteten Brotstücken vermischen und gleich servieren, damit das Brot knusprig bleibt.

Ofenspargel mit Zitrone und Parmesan

Für 4 Portionen

1 kg Spargel
20 g Butter
abgeriebene Schale von 1 Bio-Zitrone
Meersalz und schwarzer Pfeffer aus der Mühle
30 g Parmesanspäne

Backofen vorheizen (Umluft 180 °C/Gas Stufe 4).

Spargel putzen und die holzigen unteren Enden entfernen.

Ein großes Backblech überlappend mit 2 Stück Alufolie auslegen. Die Spargelstangen auf die Folien legen, Butterflocken daraufsetzen und Zitronenabrieb darüberstreuen. Mit Salz und Pfeffer würzen.

Die beiden Alufolien einschlagen, jeweils ein Päckchen machen und oben zum Verschließen falten. Im Ofen 10–15 Minuten braten, bis der Spargel weich bis bissfest ist.

Auf einer Servierplatte anrichten und mit Parmesanspänen bestreuen.

Noch heiß servieren.

Gedünstete Babykarotten mit Dill

Für 4 Portionen

2 Bund zarte junge Karotten
1 EL Butter
1 EL brauner Zucker
3 EL Geflügelfond
2 EL frischer Dill, gehackt

Karotten waschen und putzen.

Butter mit Zucker in einer großen Bratpfanne mit passendem Deckel langsam zerlassen. Fond zugießen und zum Köcheln bringen, dann Karotten zufügen und zugedeckt etwa 5 Minuten dünsten. Dabei gelegentlich die Pfanne leicht schwenken, damit die Karotten gleichmäßig garen. Den Deckel abnehmen und unter gelegentlichem Rühren offen 5 Minuten weitergaren, bis die Karotten zart sind und der Großteil der Flüssigkeit verdampft ist. Zum Schluss Dill unterrühren und die Karotten noch heiß servieren.

Spinatsalat mit dicken Bohnen, Speck und Feta

Für 4 Portionen

400 g dicke Bohnen, enthülst (frisch oder tiefgefroren) oder 1,2 kg frische dicke Bohnen in der Hülse, enthülst
10 dünne Scheiben Pancetta oder anderer durchwachsener Speck
80 g junger Blattspinat
1 große Handvoll frische Minze
100 g milder Feta

Für das Zitronendressing

2 EL Zitronensaft
1 Knoblauchzehe, zerdrückt
½ TL Zucker
80 ml natives Olivenöl extra
Meersalz und schwarzer Pfeffer aus der Mühle

Salzwasser in einem großen Topf zum Kochen bringen. Die enthülsten Bohnen darin etwa 6 Minuten weich garen, dann abgießen und mit kaltem Wasser abschrecken. Die Bohnen enthäuten.

Eine große Bratpfanne bei niedriger Hitze erwärmen und den Speck darin 4–5 Minuten sehr knusprig und braun braten.

Für das Dressing Zitronensaft mit Knoblauch und Zucker in einer kleinen Schüssel verrühren. Nach und nach Öl zugießen und gut verquirlen, dann mit Salz und Pfeffer würzen.

Pancetta mit Bohnen, Spinat und Minze in einer Salatschüssel vermischen. Feta darüberkrümeln, Dressing zugießen und alles gut vermischen, damit sich das Dressing verteilt.

Griechischer Salat

Für 4 Portionen

3 reife Rispentomaten
2 kleine Salatgurken
½ grüne Paprikaschote, gewürfelt
80 g Kalamata-Oliven ohne Kern
100 g Feta, gewürfelt
½ rote Zwiebel, in feinen Ringen
1 große Handvoll glatte Petersilie, gehackt
2 EL Rotweinessig
1 TL getrockneter Oregano
1 Knoblauchzehe, zerdrückt
75 ml natives Olivenöl extra
Meersalz und schwarzer Pfeffer aus der Mühle

Tomaten in Spalten schneiden und in eine große Schüssel geben.

Gurken der Länge nach halbieren und die Hälften quer in 1 cm dicke Scheiben schneiden.

Tomaten mit Gurkenscheiben, Paprika, Oliven, Fetawürfeln, Zwiebel und Petersilie vermischen.

Für das Dressing Essig, Oregano und Knoblauch in einer kleinen Schüssel verrühren. Nach und nach Öl zugießen und alles verquirlen, dann mit Salz und Pfeffer abschmecken.

Das Dressing über den Salat gießen und gut untermischen.

Rot-weisser Krautsalat

Für 4 Portionen

¼ Kopf Weißkohl
¼ Kopf Rotkohl
2 Karotten
1 rote Zwiebel, in dünnen Ringen
2 große Handvoll glatte Petersilie, gehackt
2 Eigelb (Eier Größe L)
2 EL Apfelessig
2 TL Dijon-Senf
½ TL Zucker
250 ml Sonnenblumenöl
Meersalz und schwarzer Pfeffer aus der Mühle

Weiß- und Rotkohl in feine Streifen schneiden und in eine große Schüssel geben.

Karotten schälen und halbieren, die Hälften längs in Scheiben und die Scheiben in dünne Streifen schneiden. Karottenstreifen, Zwiebel und Petersilie in die Schüssel zugeben.

Eigelbe mit Essig, Senf und Zucker verrühren. Nach und nach Öl zugießen und dabei gleichmäßig rühren, bis eine dickflüssige Masse entsteht. Mit Salz und Pfeffer würzen, das Dressing über den Salat gießen und gleichmäßig untermischen.

Rote-Bete-Salat mit Orange

Für 4 Portionen

2 Bund junge Rote Bete (kleine Knollen) mit Blattgrün
60 g Rote-Bete-Blätter oder Rucola
1 Bio-Orange
1 EL Rotweinessig
3 EL natives Olivenöl extra
Meersalz und schwarzer Pfeffer aus der Mühle
1 kleine Handvoll frischer Dill, gehackt
125 g Crème fraîche

Von den Rote-Bete-Knollen die Spitzen abschneiden, vom Grün kleine Blätter herauszupfen, waschen und mit den anderen Blättern oder Rucola vermischen.

Salzwasser in einem großen Topf zum Kochen bringen und die Rote Bete darin ungeschält etwa 20–25 Minuten weich garen. Abgießen und zum Abkühlen beiseitestellen.

Mit Küchenhandschuhen die Schale von den Knollen lösen, die Rote Bete in Spalten schneiden und in eine Rührschüssel füllen.

Von der Orange die Schale fein abreiben und in eine kleine Schüssel füllen.

Dann von der Orange Spitze und Ansatz abschneiden und mit einem kleinen, scharfen Messer restliche Schale und Pelz entfernen. Die Spalten filetieren und zur Roten Bete in die Schüssel geben. Übriges Fruchtfleisch über der Schüssel mit Orangenabrieb ausdrücken.

Essig zur Orangenschale geben und nach und nach mit Öl verquirlen. Mit Salz und Pfeffer würzen, dann die Rote Bete mit Dressing übergießen, Dill zugeben und alles gut vermischen.

Zum Anrichten einen Klecks Crème fraîche auf den Salat setzen und schwarzen Pfeffer darübermahlen.

Kartoffelsalat mit Ei

Für 4 Portionen

600 g kleine Frühkartoffeln mit Schale
2 Eier (Größe L)
8 Scheiben Pancetta oder anderer durchwachsener Speck
½ Bund Schnittlauch,in Röllchen
1 EL Kapern, gewaschen und gehackt

Für das Crème-fraîche-Dressing
125 g Crème fraîche
1 EL Zitronensaft
2 TL Ganzkornsenf
Meersalz und schwarzer Pfeffer aus der Mühle

Kartoffeln in einem großen Topf mit kaltem Wasser übergießen, salzen und zum Kochen bringen. Die Hitze reduzieren und 10 Minuten köcheln lassen, bis die Kartoffeln weich sind und unter der Gabel fast zerfallen. Abgießen.

Eier in einem kleinen Topf mit Wasser bedecken und bei starker Hitze zum Kochen bringen. Die Hitze reduzieren und die Eier 7 Minuten köcheln lassen, dann abgießen und mit kaltem Wasser abschrecken. Schälen, in Spalten schneiden und beiseitestellen.

Eine große Bratpfanne bei mittlerer Hitze erwärmen und den Speck darin 4–5 Minuten sehr knusprig und braun braten. In kleine Stücke brechen und auf Küchenpapier abtropfen lassen.

Für das Dressing Crème fraîche mit Zitronensaft und Senf in einer kleinen Schüssel verquirlen und mit Salz und Pfeffer würzen.

Kartoffeln in Scheiben schneiden, mit Ei, Speck, Schnittlauch und Kapern in einer großen Schüssel vermischen und mit dem Dressing vermengen.

Makkaroni mit vier Käsesorten

Für 4 Portionen

300 g Makkaroni
1 EL Olivenöl
20 g Butter
1 kleine Zwiebel, gewürfelt
2 EL Mehl (Type 550)
125 g Sahne
375 ml Milch
250 ml Mascarpone
100 g Hartkäse (z. B. Emmentaler oder Cheddar), grob gerieben
100 g Gruyère, grob gerieben
½ TL gemahlene Muskatnuss
Meersalz und schwarzer Pfeffer aus der Mühle
80 g Semmelbrösel (am besten frisch)
40 g Parmesan, grob gerieben

Backofen vorheizen (Umluft 180 °C/Gas Stufe 4).

Salzwasser in einem großen Topf bei starker Hitze zum Kochen bringen und die Nudeln darin bissfest garen, dann abgießen.

Öl und Butter zusammen in einem großen Topf bei mittlerer Hitze erwärmen, bis die Butter schmilzt, und die Zwiebel darin glasig anschwitzen. Mehl zugeben und 1 Minute weitergaren, dann nach und nach unter Rühren Sahne und Milch zugießen. Kurz aufkochen, dann auf niedrige Hitze reduzieren und 3–5 Minuten eindicken lassen. Vom Herd nehmen, Mascarpone, Hartkäse und Gruyère untermengen und mit Muskat, Salz und Pfeffer würzen.

Makkaroni unter die Käsesauce rühren. Die Masse in eine Auflaufform (etwa 20 x 20 cm) füllen und mit Semmelbrösel und Parmesan bestreuen.

Im Ofen etwa 20–25 Minuten überbacken, bis die Parmesankruste knusprig ist und bräunt.

Zwiebelringe

Für 4 Portionen

3 große Zwiebeln
150 g Mehl (Type 550) sowie Mehl zum Bestäuben
½ TL Backpulver
75 ml Milch
20 g Butter, zerlassen
175 ml Bier oder Mineralwasser
Öl zum Frittieren
Salz

Zwiebeln schälen, in etwa 1 cm dicke Scheiben und in einzelne Ringe zerlegen.

Mehl und Backpulver in eine große Schüssel sieben. In der Mitte eine Vertiefung bilden, Milch und zerlassene Butter hineingießen und etwas Mehl vom Rand untermischen. Bier oder Mineralwasser zugießen und alles zu einer glatten Masse rühren.

Eine Fritteuse oder eine tiefe Bratpfanne mit dickem Boden zu zwei Dritteln mit Öl füllen und auf 190 °C erhitzen.

Die Zwiebelringe in Mehl wenden und durch den Backteig ziehen. Anschließend portionsweise auf jeder Seite 1–2 Minuten frittieren, bis sie knusprig und goldbraun sind. Herausnehmen und auf Küchenpapier abtropfen lassen, dann mit Salz gewürzt servieren.

DESSERTS

Eton Mess

Apple Pie

Zitronentarte mit Baiserdeckel

Guinness-Schokoladenküchlein

Limettensoufflee

Schokoladenkuchen

Dattelkuchen mit Karamellsauce

Crème brûlée

Englischer Brotpudding

Bakewell-Tarte

Eton Mess

Für 4 Portionen

450 g Erdbeeren, Stielansätze entfernt und geviertelt
3 EL Zucker
150 g Sahne
125 g Crème fraîche
2 EL Puderzucker
¼ TL Vanille-Aroma

Für die Baisermasse
2 Eiweiß (Eier Größe L)
¼ TL Weinstein
145 g Zucker

Backofen vorheizen (Umluft 120 °C/Gas Stufe ¼–½) und ein Backblech mit Backpapier auslegen.

Für die Baisermasse Eiweiß mit dem Handrührgerät steif schlagen, Weinstein zugeben und nach und nach Zucker untermischen, bis der Eischnee glänzt.

Aus der Baisermasse 6 Häufchen von etwa 8 cm Durchmesser auf das vorbereitete Backblech setzen und im Ofen etwa 50–60 Minuten backen, bis sie fest werden, aber nicht bräunen. Backofen ausschalten, die Backofentür einen Spalt öffnen und die Baisers über Nacht trocknen lassen.

Die Hälfte der Erdbeeren in einer Schüssel mit einem Kartoffelstampfer zerdrücken. Übrige Erdbeerstücke und Zucker untermengen und die Mischung 15 Minuten ziehen lassen, bis sich Saft bildet und die Erdbeeren weich werden.

Sahne, Crème fraîche, Puderzucker und Vanille-Aroma mit dem Handrührgerät steif schlagen.

Die Baisers grob zerstoßen. Die Sahnemischung mit der Hälfte der Baiserstücke und der Hälfte der Erdbeermischung in einer Rührschüssel kurz vermischen. 4 Dessertgläser schichtweise mit zerstoßenem Baiser, Erdbeeren und der Erdbeer-Sahne-Baisermischung füllen.

☞ Dieses Rezept benötigt etwas Vorbereitung am Vortag. Wenn es schnell gehen soll, verwenden Sie am besten Baiserringe aus dem Supermarkt.

Apple Pie

Für 8–10 Portionen

Zerlassene Butter für die Form
1 Ei (Größe L), leicht verquirlt, zum Bestreichen
1 EL Rohrzucker zum Bestreuen
Schlagsahne oder Eiscreme zum Anrichten

Für den Mürbeteig

375 g Mehl (Type 550)
3 EL Puderzucker
150 g kalte Butter, gewürfelt
1 Eigelb (Ei Größe L)

Für die Füllung

8 Äpfel (z. B. Granny Smith), geschält, geviertelt und in dicke Spalten geschnitten
Saft von 1 Zitrone
60 g Butter
110 g extrafeiner Zucker
1 TL gemahlener Zimt
½ TL gemahlene Nelken
40 g Semmelbrösel (am besten frisch vorbereitet)

Für den Mürbeteig Mehl und Puderzucker in einer Küchenmaschine vermischen. Butterwürfel zugeben und mit Mehl und Zucker krümelig rühren. Eigelb mit 75 ml kaltem Wasser in einer kleinen Schüssel kurz verquirlen, dann zur Mehlmischung gießen und untermischen, sodass eine trockene, krümelige Masse entsteht. Den Teig auf einer sauberen Arbeitsfläche rasch glatt kneten, dann aus zwei Dritteln des Teiges eine größere und aus dem übrigen Drittel eine etwas kleinere Scheibe formen. In Frischhaltefolie wickeln und 30 Minuten kühl stellen.

Eine Kuchenform (ca. 28 × 25 x 4 cm) mit Butter ausstreichen.

Die größere Teigscheibe zwischen zwei Schichten Backpapier etwa 3 mm dünn ausrollen und die vorbereitete Backform damit auslegen. Teigüberhänge abschneiden. Übrigen Teig etwa auf Formdurchmesser ausrollen. In der Mitte einen Kreis von etwa 3 cm Durchmesser ausschneiden. Den Teig 20 Minuten kühl stellen.

Backofen vorheizen (Umluft 200 °C/Gas Stufe 6).

Inzwischen für die Füllung Apfelstücke in einer Rührschüssel mit Zitronensaft vermischen, damit die Äpfel nicht braun werden. Butter in einem großen Topf bei mittlerer Hitze zerlassen und Äpfel, Zucker und Gewürze zufügen. Unter gelegentlichem Rühren 3–5 Minuten garen, sodass die Apfelstücke gerade weich werden, und durch ein Sieb abgießen. Die Garflüssigkeit zurück in den Topf füllen und weitere 1–2 Minuten sirupartig eindicken lassen. Sirup und Semmelbrösel mit den Äpfeln vermengen und alles kurz abkühlen lassen.

Die Füllung auf dem Teigboden verteilen und den Deckel darauflegen. Bei Bedarf Teigüberhänge abschneiden und die Ränder zum Verschließen gut festdrücken. Mit Ei bestreichen und mit Rohrzucker bestreuen.

Im Ofen 45–50 Minuten goldbraun backen.

Die Pie noch warm mit Schlagsahne oder Eiscreme servieren.

Zitronentarte mit Baiserdeckel

Für 8–10 Portionen

1 Rezeptmenge Mürbeteig (linke Seite)

Für die Zitronencreme-Füllung

Saft und fein abgeriebene Schale von 3 Bio-Zitronen
220 g extrafeiner Zucker
3 EL Speisestärke
4 Eigelb (Eier Größe L)
75 g Butter, gewürfelt

Für den Baiserdeckel

275 g Zucker
4 Eiweiß (Eier Größe L)

Eine Tarte-Springform (ca. 23 cm Durchmesser) leicht einfetten. Mürbeteig zwischen zwei Schichten Backpapier etwa 5 mm dünn ausrollen und die Form damit auslegen. Teigränder abschneiden und den Teigboden in der Form etwa 20 Minuten kühl stellen.

Backofen vorheizen (Umluft 190 °C/Gas Stufe 5).

Den Teigboden mit der Gabel mehrmals einstechen. Mit Backpapier belegen und mit trockenen Hülsenfrüchten beschweren. Im Ofen etwa 15 Minuten blindbacken, bis der Teig an den Rändern zu bräunen beginnt. Hülsenfrüchte und Papier entfernen und weitere 5–10 Minuten backen, bis der Teig goldbraun und fest ist. Abkühlen lassen.

Backofentemperatur erhöhen (Umluft 200 °C/Gas Stufe 6).

Für die Füllung Zitronensaft und -schale mit Zucker und 250 ml Wasser bei niedriger Hitze erwärmen und 3–5 Minuten sanft köcheln lassen, bis sich der Zucker auflöst. Speisestärke mit 2 EL kaltem Wasser in einer hitzebeständigen Schüssel vermischen, dann nach und nach die Zitronenmischung unterrühren. Alles zurück auf den Herd stellen und bei mittlerer Hitze 3–5 Minuten eindicken lassen. Dabei gelegentlich rühren, damit sich keine Klumpen bilden. Anschließend mit Eigelben und Butter verquirlen. In einer Schüssel abkühlen lassen, dann auf dem vorgebackenen Teigboden verteilen und zugedeckt kühl stellen, bis die Masse fest wird.

Für die Baisermasse in einer Schüssel Eiweiß steif schlagen. Nach und nach Zucker zugeben und weiterschlagen, bis der Eischnee glänzt. Mit der Baisermasse Häufchen auf die Zitronenfüllung setzen, sodass die ganze Tarte bedeckt ist.

Die Tarte im Ofen auf oberster Schiene 5 Minuten backen, bis die Baisermasse leicht bräunt. Vor dem Servieren auf einem Kuchengitter vollständig auskühlen lassen.

Guinness-Schokoladenküchlein

Für 6 Portionen

150 g Mehl, mit 1 gehäuften TL Backpulver vermischt
75 g Zucker
50 g Kakaopulver (ungesüßt)
125 ml Milch
50 g zerlassene Butter
1 Ei (Größe L), leicht verquirlt
50 g Zartbitterschokolade, grob gerieben
150 g Vollrohrzucker
375 ml Guinness oder anderes dunkles Stout-Bier
Schlagsahne oder Eiscreme zum Anrichten

Backofen vorheizen (Umluft 180 °C/Gas Stufe 4) und 6 ofenfeste Back- oder Souffleeförmchen (250 ml) leicht einfetten.

Mehl, Backpulver, Zucker und die Hälfte vom Kakaopulver in eine Rührschüssel sieben. Milch, zerlassene Butter und Ei dazugeben und gut verrühren, dann geriebene Schokolade untermengen. Die Mischung auf die vorbereiteten Förmchen verteilen.

Das übrige Kakaopulver mit Rohrzucker vermischen und die Küchlein damit bestreuen.

Bier mit 175 ml Wasser in einem kleinen Topf bei starker Hitze zum Kochen bringen und die Küchlein damit übergießen.

Die Förmchen auf ein Backblech mit hohem Rand stellen und das Blech bis auf halbe Höhe der Förmchen mit kochendem Wasser füllen. Im Backofen im Wasserbad etwa 15–20 Minuten garen, bis die Küchlein aufgehen und an der Oberfläche fest werden.

Noch warm mit Schlagsahne oder Eiscreme garniert servieren.

Limettensoufflee

Für 4 Portionen

110 g Zucker
50 g weiche Butter sowie zerlassene Butter für die Form
Saft und fein abgeriebene Schale von 3 Bio-Limetten
2 Eier (Größe L), Eigelb und Eiweiß getrennt
3 EL Mehl, mit 1 Prise Backpulver vermischt
250 ml Milch
Puderzucker zum Bestreuen
Schlagsahne oder Eiscreme zum Anrichten

Backofen vorheizen (Umluft 180 °C/Gas Stufe 4) und 4 ofenfeste Back- oder Souffleeförmchen (à 250 ml) oder eine große Auflaufform (etwa 1 Liter) mit Butter ausstreichen.

Zucker mit weicher Butter und Limettenschale in einer großen Schüssel schaumig rühren, dann die Eigelbe einzeln untermengen. Limettensaft, Mehl und Milch nach und nach unterrühren und alles gut vermischen.

In einer weiteren Schüssel Eiweiß mit dem Handrührgerät steif schlagen. 1 gehäuften EL Eischnee unter die Teigmasse rühren, dann nach und nach den übrigen Eischnee unterheben.

Die Mischung gleichmäßig auf die Förmchen verteilen oder in die große Auflaufform füllen. Die Form oder Förmchen auf ein Backblech mit hohem Rand stellen und das Blech bis auf halbe Höhe der Form(en) mit kochendem Wasser füllen.

Im Ofen im Wasserbad 25–30 Minuten (einzelne Förmchen) oder 40–45 Minuten (große Form) backen, bis die Masse aufgeht und goldbraun ist.

Mit Puderzucker bestreuen und noch warm servieren. Nach Belieben Schlagsahne oder Eiscreme dazu reichen.

Schokoladenkuchen

Für 8–10 Portionen

250 g Butter, gewürfelt
250 g Zartbitterschokolade (70 % Kakaoanteil), grob gehackt
2 Portionen Espresso (ca. 60 ml)
330 g extrafeiner Zucker
2 Eier (Größe L), leicht verquirlt
250 g Mehl (Type 550)
3 EL Kakaopulver (ungesüßt)
1 TL Backpulver
250 ml Buttermilch
Sahne zum Anrichten (nach Belieben)

Für die Schokoladenlocken

200 g weiße Kuvertüre
200 g Zartbitter-Kuvertüre

Für die Glasur

250 g Zartbitterschokolade (70 % Kakaoanteil), grob gehackt
125 g Sahne
40 g Butter, gewürfelt

Backofen vorheizen (Umluft 160 °C/Gas Stufe 2–3) und eine runde Springform (ca. 22 cm Durchmesser) mit Backpapier auslegen.

Butter, Zartbitterschokolade und Espresso in eine hitzebeständige Schüssel füllen, über einem Topf mit sanft köchelndem Wasser zerlassen und glatt rühren. Vom Herd nehmen, Zucker und Eier zugeben und gut verquirlen. Mehl, Kakaopulver und Backpulver dazusieben, dann Buttermilch untermengen und alles gut verrühren. Die Masse in die vorbereitete Springform gießen und glattstreichen.

Im Ofen etwa 1 Stunde und 15 Minuten backen. Zur Garprobe einen Holz- oder Metallspieß in die Mitte des Kuchens stecken. Wenn beim Herausziehen kein Teig mehr daran haftet, ist der Kuchen gar. Den fertigen Kuchen in der Form abkühlen lassen.

Für die Schokoladenlocken weiße und dunkle Kuvertüre jeweils in einer Schüssel über sanft köchelndem Wasser zerlassen. Die Schüsseln sollen dabei das Wasser nicht berühren. Die zerlassene Schokolade jeweils auf eine glatte Unterlage (z. B. Glas oder Marmor) gießen, verstreichen und fest werden lassen.

Mit einem großen Küchenmesser in einem Winkel von 45 Grad vom Körper weg aus der Schokolade Löckchen hobeln. Die Löckchen auf ein Blech oder eine Platte legen und an einem kühlen Ort beiseitestellen.

Für die Glasur Schokolade, Sahne und Butter in einer hitzebeständigen Schüssel über leicht köchelndem Wasser zerlassen und glatt rühren (die Schüssel soll das Wasser nicht berühren). Vom Herd nehmen und in der Schüssel 20 Minuten abkühlen lassen.

Zum Glasieren den Kuchen aus der Form nehmen und auf ein Kuchengitter stellen. In der Mitte mit Glasur übergießen und diese mit einem Spatelmesser gleichmäßig verteilen. 10 Minuten fest werden lassen, dann mit hellen und dunklen Schokoröllchen garnieren.

Nach Belieben mit Schlagsahne garniert servieren.

Dattelkuchen mit Karamellsauce

Für 8 Portionen

400 g Datteln ohne Kern, grob gehackt
80 g Zartbitterschokolade
1 TL Backpulver
165 g Vollrohrzucker
80 g weiche Butter
2 Eier (Größe L)
150 g Mehl, mit 1 gehäuften TL Backpulver vermischt
1 TL Lebkuchengewürz
Schlagsahne oder Eiscreme zum Anrichten

Für die Karamellsauce
345 g Vollrohrzucker
250 g Sahne
150 g Butter

Backofen vorheizen (Umluft 180 °C/Gas Stufe 4). Eine quadratische Backform (etwa 18 cm Seitenlänge) leicht einfetten und mit Backpapier auslegen.

Dattelstücke mit Schokolade, Backpulver und 250 ml kochendem Wasser in einer hitzebeständigen Schüssel verrühren. 10 Minuten ziehen lassen, sodass die Datteln weich werden und die Schokolade schmilzt.

In einer weiteren Schüssel Butter und Zucker schaumig rühren. Die Eier einzeln hineinschlagen und gut unterrühren. Dattelmischung untermengen, dann Mehl, Backpulver und Lebkuchengewürz dazusieben und alles gut verrühren. Die Mischung in die vorbereitete Backform füllen.

Im Ofen 30–35 Minuten backen, bis der Teig aufgeht und bei der Garprobe kein Teig mehr an Gabel oder Kuchenspieß haftet.

Während der Kuchen bäckt, für die Karamellsauce Zucker, Sahne und Butter in einem kleinen Topf bei mittlerer Hitze erwärmen und 5–10 Minuten köcheln lassen, sodass die Butter schmilzt, der Zucker sich auflöst und eine zähflüssige Masse entsteht. In einen kleinen Krug füllen.

Den Kuchen aufschneiden und noch warm mit Karamellsauce und nach Belieben mit Schlagsahne oder Eiscreme servieren.

☞ Besonders hübsch sehen einzelne kleine Küchlein aus: Dazu 8 Muffinförmchen (à 180 ml) leicht einfetten und mit Backpapier auslegen. Halbhoch mit Dattelmasse füllen und etwa 15 Minuten backen.

Crème brûlée

Für 4 Portionen

625 g Sahne
1 Vanilleschote, längs halbiert, das Mark ausgekratzt
6 Eigelb (Eier Größe L)
110 g extrafeiner Zucker

Backofen vorheizen (Umluft 120 °C/Gas Stufe ¼–½) und ein Backblech mit hohem Rand mit einem Küchentuch auslegen (das Küchentuch bei Bedarf falten). 4 ofenfeste Pudding- oder Soufleeförmchen (à 200 ml) daraufstellen.

Sahne, Vanilleschote und -mark in einem kleinen Topf bei mittlerer Hitze erwärmen, bis die Sahne zu köcheln beginnt.

Eigelbe mit der Hälfte des Zuckers in einer Rührschüssel schaumig rühren. Nach und nach die heiße Sahne untermengen, dann die Mischung durch ein feinmaschiges Sieb in einen Krug gießen.

Die Sahnemischung gleichmäßig auf die Förmchen verteilen. Das Backblech bis auf halbe Höhe der Förmchen mit kochendem Wasser füllen und die Förmchen lose mit Alufolie abdecken, sodass die Luft noch zirkulieren kann.

Die Creme im Ofen 40 Minuten garen, bis sie an der Oberfläche fest wird, innen aber noch nachgibt.

Die Förmchen aus dem Backblech heben und etwas abkühlen lassen. Mit Frischhaltefolie zugedeckt mindestens 4 Stunden oder über Nacht kühl stellen.

Vor dem Servieren die Crème brûlée 20 Minuten auf Zimmertemperatur erwärmen lassen.

Den übrigen Zucker gleichmäßig auf den Puddings verteilen und mit einem Flambierbrenner oder unter dem Backofengrill kurz karamellisieren lassen. Die Zuckerschicht soll dunkelbraun sein. Sofort servieren.

Englischer Brotpudding

Für 6 Portionen

100 g Sultaninen
3 EL Brandy
12 etwa 1 cm dicke Scheiben Schwarzbrot (am besten Kastenbrot)
80 g weiche Butter sowie Butter für die Form
105 g Orangenmarmelade
6 Eier (Größe L)
3 EL Zucker
1 TL Vanille-Aroma
½ TL gemahlener Zimt
250 ml Milch
250 g Sahne
3 EL Rohrzucker
Schlagsahne oder Eiscreme zum Anrichten (nach Belieben)

Eine Auflaufform (ca. 2 l Inhalt) mit Butter ausstreichen.

In einer kleinen Schüssel Sultaninen mit Brandy übergießen und 10 Minuten einweichen.

Die Brotscheiben mit Butter und Marmelade bestreichen und diagonal halbieren, sodass Dreiecke entstehen.

Die Brotscheiben überlappend in die vorbereitete Form schichten und die eingeweichten Rosinen dazwischen verteilen.

Eier mit Zucker, Vanille-Aroma und Zimt in einer Schüssel verquirlen. Milch und Sahne untermengen. Die Mischung über die Brotscheiben gießen und 45 Minuten stehen lassen, sodass die Sahnemischung einzieht.

Backofen vorheizen (Umluft 180 °C/Gas Stufe 4).

Den Pudding mit Rohrzucker bestreuen und im Ofen 30–40 Minuten backen, bis die Puddingmasse fest ist und die Oberfläche bräunt.

In Portionen teilen und nach Belieben mit Schlagsahne oder Eiscreme anrichten.

Bakewell-Tarte

Für 8–10 Portionen

Puderzucker zum Bestreuen
Schlagsahne zum Anrichten

Für den Mürbeteig

185 g Mehl (Type 550)
35 g gemahlene Mandeln
2 EL Puderzucker
125 g kühle Butter, gewürfelt
1 Eigelb (Ei Größe L)

Für die Füllung

125 g weiche Butter
160 g extrafeiner Zucker
fein abgeriebene Schale von ½ Bio-Zitrone
3 Eier (Größe L)
150 g gemahlene Mandeln
3 EL Mehl (Type 550)
100 g Himbeerkonfitüre
3 EL Mandelblättchen

Für den Teig Mehl, gemahlene Mandeln und Puderzucker in einer Küchenmaschine vermixen, dann Butterwürfel zugeben und alles zu einem krümeligen Teig verrühren. Eigelb mit 2 EL kaltem Wasser leicht verschlagen und zur Mandelmischung geben. Alles in der Küchenmaschine rasch zu einem glatten Teig kneten, auf eine saubere Arbeitsfläche stürzen und zu einer runden Platte ausrollen. In Frischhaltefolie gewickelt 30 Minuten kühl stellen.

Eine Tarteform mit herausnehmbarem Boden (ca. 23 cm Durchmesser) mit Butter ausstreichen und mit Mehl bestäuben.

Den Teig zwischen zwei Schichten Backpapier etwa 5 mm dünn ausrollen und die vorbereitete Form damit auslegen. Teigüberhänge abschneiden und den Teigboden etwa 20 Minuten kühl stellen.

Backofen vorheizen (Umluft 190 °C/Gas Stufe 5).

Die Tarteform auf ein Backblech stellen und den Teigboden mit der Gabel mehrmals einstechen. Mit Backpapier belegen und mit trockenen Hülsenfrüchten beschweren, dann im Ofen 10 Minuten blindbacken, bis die Teigränder leicht bräunen. Hülsenfrüchte und Backpapier entfernen und den Teigboden weitere 10 Minuten backen, bis er gleichmäßig bräunt. Zum Abkühlen beiseitestellen.

Die Backofentemperatur reduzieren (Umluft 160 °C/Gas Stufe 2–3).

Für die Füllung Butter, Zucker und Zitronenschale mit dem Handrührgerät schaumig rühren. Die Eier nach und nach zufügen, dann gemahlene Mandeln und Mehl untermengen.

Den vorgebackenen Teigboden mit Konfitüre bestreichen und die Füllung darauf verteilen. Mit Mandelblättchen bestreuen.

Die Tarte im Ofen 30–40 Minuten backen, bis die Oberfläche goldbraun ist. Zur Garprobe einen Holz- oder Metallspieß in die Mitte des Kuchens stecken. Haftet beim Herausziehen kein Teig daran, ist der Kuchen gar. Auf einem Kuchengitter abkühlen lassen.

Den Kuchen mit Puderzucker bestreuen, in Tortenstücke schneiden und mit Schlagsahne garniert servieren.

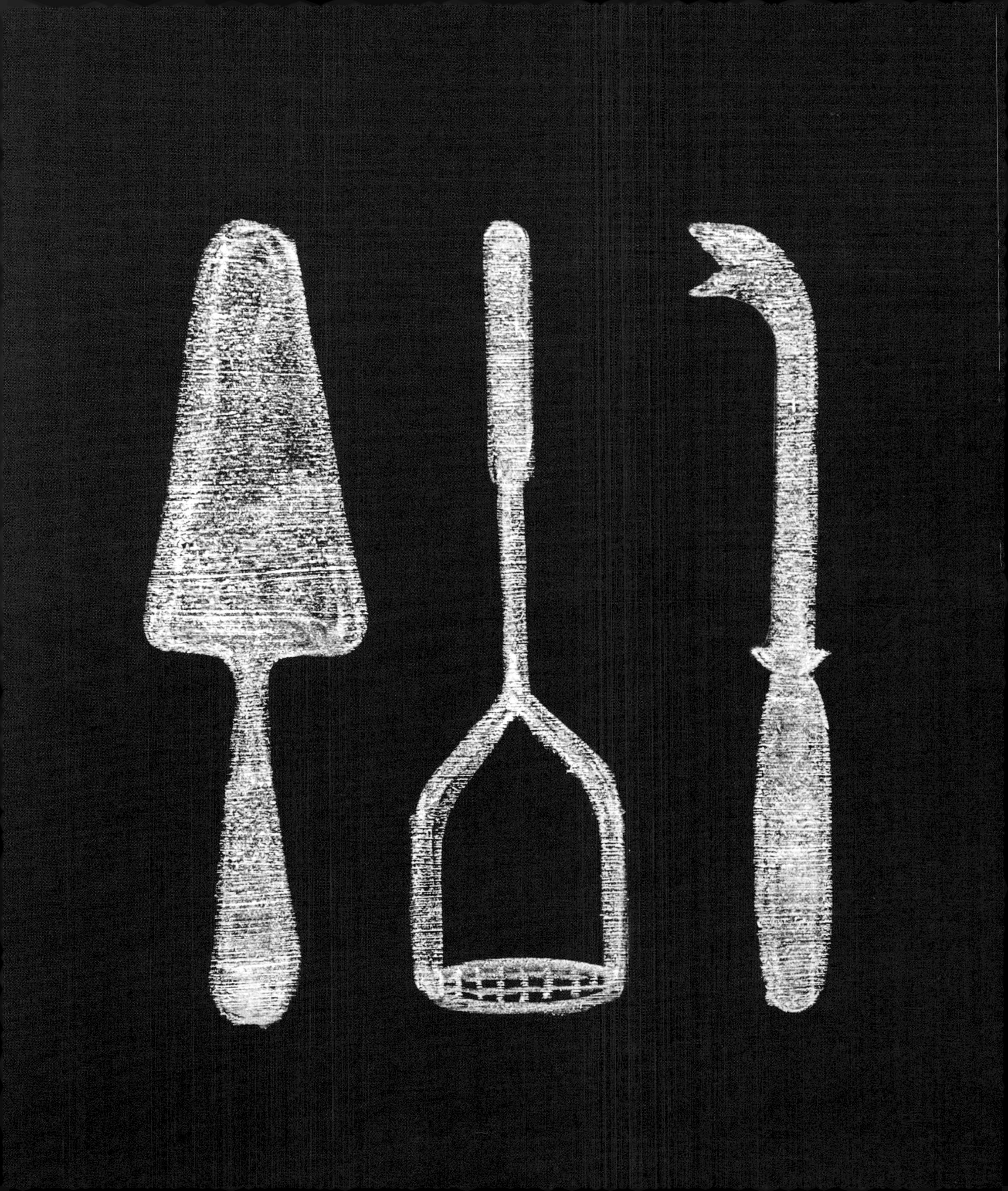

Register

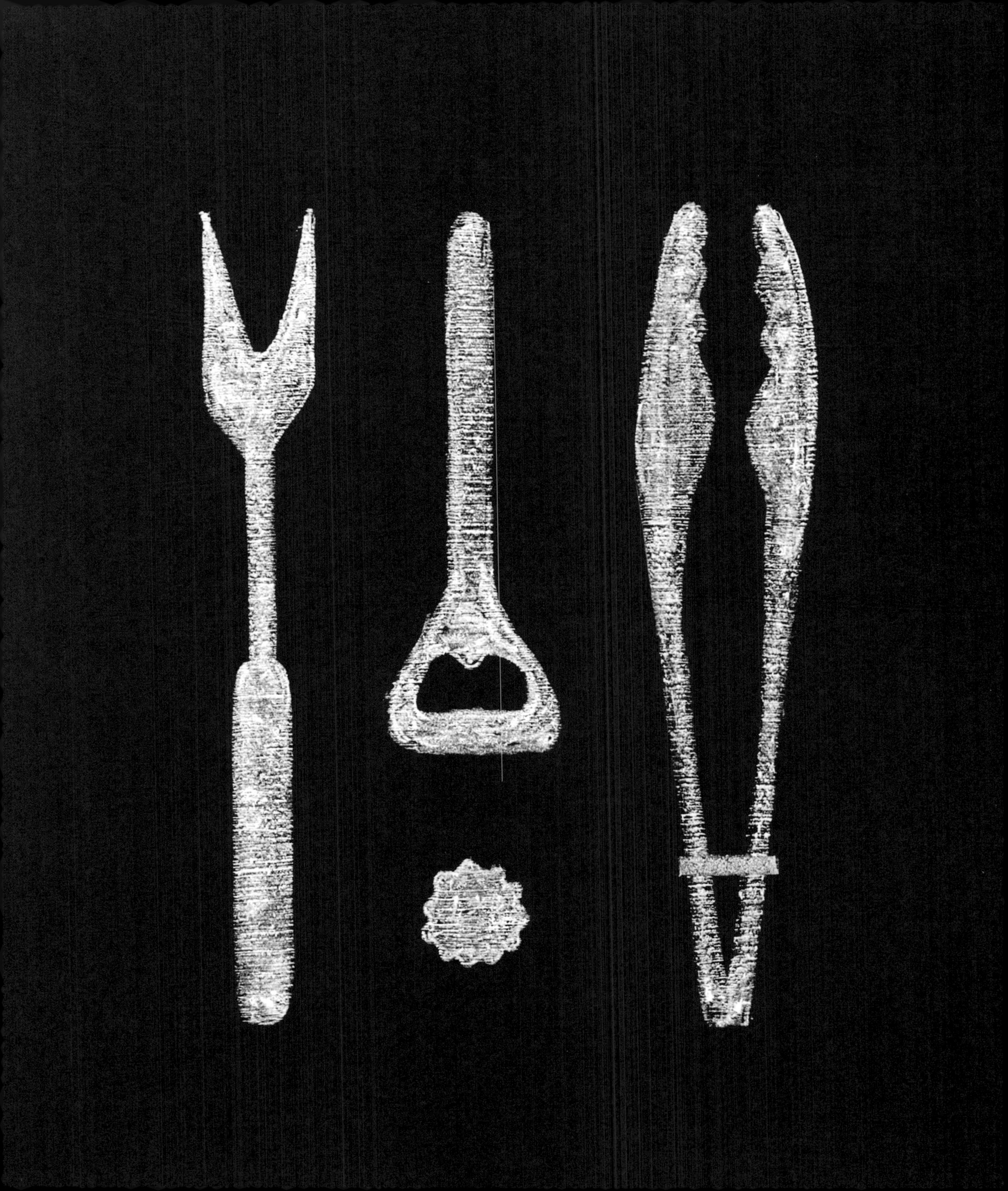

Edel:Books
Ein Verlag der Edel Germany GmbH

Neumühlen 17, 22763 Hamburg
www.edel.com
1. Auflage 2014

Projektkoordination der deutschen Ausgabe: Nina Schnackenbeck
Design und Layout: Lanz+Martin
Fotografien: Lisa Cohen
Stylist: Somon Bajada
Übersetzung: Susanne Müller
Redaktion und Satz der deutschen Ausgabe: Print Company Verlagsges.m.b.H., Wien
Umschlagadaption: Groothuis. Gesellschaft der Ideen und Passionen mbH, Hamburg, www.groothuis.de

Erstveröffentlichung unter dem Titel „Great Pub Food – Make Home Your New Local“ durch Hardie Grant Books (Australia)

Printed in China by 1010 Printing International Limited

ISBN 978-3-8419-0278-8